Karin Pagel

JEDE(R) LERNT ANDERS

Wie Sie Ihr Kind besser verstehen und unterstützen

VAK Verlags GmbH
Kirchzarten bei Freiburg

Bibliografische Information Der Deutschen Bibliothek

Die Deutsche Bibliothek verzeichnet diese Publikation in der Deutschen Nationalbibliografie; detaillierte bibliografische Daten sind im Internet über http://dnb.ddb.de abrufbar.

2. Auflage: 2003
© VAK Verlags GmbH, Kirchzarten bei Freiburg 2000
Clipart: © New Vision Technologies Inc., Kanada
Weitere Abbildungen: Jürgen Schiefner
Umschlag: Hugo Waschkowski
Lektorat: Norbert Gehlen
Satz und Layout: Norbert Alvermann
Druck: Himmer, Augsburg
Printed in Germany
ISBN 3-932098-77-3

Inhalt

Einleitung 7

Teil I: Die Theorie 9

1. Was ist Lernen? 11
    1.1 Zum Beispiel Maxi 11
    1.2 Drei Gründe für schlechte Schulnoten 11
    1.3 Der vollständige Lernprozess 12
    1.4 Zwei Lernstrategien im Vergleich 14

2. Wie die Sinne beim Lernen mitwirken 17
    2.1 Wie ein Lerntyp entsteht 17
    2.2 Der visuelle Sinn 19
    2.3 Der auditive Sinn 21
    2.4 Der kinästhetische Sinn 24
    2.5 Mit allen Sinnen 25

3. Wie man Lerntypen erkennen kann 27
    3.1 Die wichtigsten Methoden 27
    3.2 Auf die Wortwahl achten 28
    3.3 Das Verhalten beobachten 31
    3.4 Die Augenbewegungen identifizieren 34
    3.5 Ein stressfreier Lerntyptest 39
    3.6 Die Bedeutung der verschiedenen Lerntypen 54

4. Das Modell der Gehirnhemisphären 60
    4.1 Die unterschiedlichen Fähigkeiten der Gehirnhälften 60
    4.2 Geschichte: „Das Schloss der Königskinder" 62
    4.3 Beobachtungsmerkmale und Test 65
    4.4 Testauswertung und Fallbeispiele 69

5. Grundregeln der ganzheitlichen Lernbetreuung 73
    5.1 Was bedeutet „ganzheitlich"? 73
    5.2 Grundregeln der Lernunterstützung 73

Teil II: Die Praxis 77

6. Der Schlüssel zum sicheren Schreiben 79
   6.1 Die Rechtschreibpraxis in der Grundschule 79
   6.2 Die Strategie erfolgreicher Rechtschreiber 81
   6.3 Die „Augen-und-Ohren-Geschichte" 82
   6.4 Der Rechtschreibschlüssel 85
   6.5 Fragen und Antworten zur praktischen Durchführung 90

7. Das Geheimnis erfolgreichen Rechnens 93
   7.1 Ungeeignete Rechenstrategien 93
   7.2 Die ganzheitliche Rechenstrategie 94
   7.3 Das Einüben der Rechenstrategie 95
   7.4 Fragen und Antworten zur praktischen Durchführung 103

8. Weitere ganzheitliche Strategien und Methoden 109
   8.1 Fremdsprachen lernen mit allen Sinnen 109
   8.2 Lernplakate und Zettelwirtschaft 111
   8.3 Allgemeine Visualisierungsübungen 112
   8.4 Kinesiologische Übungen 116

Anhang 119
   Mindmap: Die wichtigsten Themen dieses Buches im Überblick 121
   Literaturempfehlungen 123
   Über die Autorin 125

Inhalt

Einleitung 7

Teil I: Die Theorie 9

1. Was ist Lernen? 11
    1.1 Zum Beispiel Maxi 11
    1.2 Drei Gründe für schlechte Schulnoten 11
    1.3 Der vollständige Lernprozess 12
    1.4 Zwei Lernstrategien im Vergleich 14

2. Wie die Sinne beim Lernen mitwirken 17
    2.1 Wie ein Lerntyp entsteht 17
    2.2 Der visuelle Sinn 19
    2.3 Der auditive Sinn 21
    2.4 Der kinästhetische Sinn 24
    2.5 Mit allen Sinnen 25

3. Wie man Lerntypen erkennen kann 27
    3.1 Die wichtigsten Methoden 27
    3.2 Auf die Wortwahl achten 28
    3.3 Das Verhalten beobachten 31
    3.4 Die Augenbewegungen identifizieren 34
    3.5 Ein stressfreier Lerntyptest 39
    3.6 Die Bedeutung der verschiedenen Lerntypen 54

4. Das Modell der Gehirnhemisphären 60
    4.1 Die unterschiedlichen Fähigkeiten der Gehirnhälften 60
    4.2 Geschichte: „Das Schloss der Königskinder" 62
    4.3 Beobachtungsmerkmale und Test 65
    4.4 Testauswertung und Fallbeispiele 69

5. Grundregeln der ganzheitlichen Lernbetreuung 73
    5.1 Was bedeutet „ganzheitlich"? 73
    5.2 Grundregeln der Lernunterstützung 73

Teil II: Die Praxis 77

    6. Der Schlüssel zum sicheren Schreiben 79
        6.1 Die Rechtschreibpraxis in der Grundschule 79
        6.2 Die Strategie erfolgreicher Rechtschreiber 81
        6.3 Die „Augen-und-Ohren-Geschichte" 82
        6.4 Der Rechtschreibschlüssel 85
        6.5 Fragen und Antworten zur praktischen Durchführung 90

    7. Das Geheimnis erfolgreichen Rechnens 93
        7.1 Ungeeignete Rechenstrategien 93
        7.2 Die ganzheitliche Rechenstrategie 94
        7.3 Das Einüben der Rechenstrategie 95
        7.4 Fragen und Antworten zur praktischen Durchführung 103

    8. Weitere ganzheitliche Strategien und Methoden 109
        8.1 Fremdsprachen lernen mit allen Sinnen 109
        8.2 Lernplakate und Zettelwirtschaft 111
        8.3 Allgemeine Visualisierungsübungen 112
        8.4 Kinesiologische Übungen 116

Anhang 119
    Mindmap: Die wichtigsten Themen dieses Buches im Überblick 121
    Literaturempfehlungen 123
    Über die Autorin 125

Einleitung

Schon immer – das heißt seit Einführung der allgemeinen Schulpflicht in Deutschland vor circa 200 Jahren – unterscheiden sich Schüler durch den Grad ihres Lernerfolgs. Es gibt gute Schüler, mittelmäßige Schüler und schlechte Schüler. Daran scheint sich trotz immer neuer Erkenntnisse über Didaktik und Methodik des Unterrichtens, trotz sensationeller Forschungsergebnisse über die Arbeitsweise des menschlichen Gehirns, trotz einer Unmenge von Büchern und Kursen zum Thema „Lernen lernen" und trotz der wachsenden Bereitschaft der Eltern, immer größere Beträge in teure Nachhilfestunden zu investieren, nichts zu ändern. Die Kluft zwischen erfolgreichem Lernen und Schulversagen scheint naturgegeben, zufallsbedingt und kaum überbrückbar zu sein.

Unter den Folgen leidet nicht nur der einzelne Schüler, dessen Selbstvertrauen oft massiv und dauerhaft gestört wird, wenn er immer wieder schlechte Noten für seine schulischen Leistungen erhält. Es sind oft ganze Familien, die durch die Dauersorge „Noten" in Atem gehalten werden und meist nervenaufreibende Maßnahmen treffen, um ihren Sprösslingen doch noch einen einigermaßen erfolgreichen Schulabschluss und den Start ins Berufsleben zu ermöglichen.

Verunsichert fragen sich viele Eltern, ob sie etwas falsch gemacht haben und wie sie ihrem Kind helfen können. Vor allem bei Grundschülern übernehmen sie oft die Rolle der Hilfslehrer, ohne dafür ausgebildet zu sein, und fühlen sich dementsprechend überfordert, wenn das Kind nicht die geforderten Leistungen erbringt.

Das vorliegende Buch ist ein Versuch, diese Lücke zu schließen, indem es die Ergebnisse aus jahrzehntelanger persönlicher Erfahrung in der Arbeit mit so genannten Schulversagern kombiniert mit den wissenschaftlichen Erkenntnissen der modernen Gehirnforschung und den Methoden des ganzheitlichen Lehren und Lernens. Es wendet sich vor allem an die Eltern, aber auch an Lehrer, denn es soll allen, die mit Lernenden zu tun haben, konkrete Hilfen zu deren Unterstützung anbieten. Zudem will es Verständnis für die Mechanismen wecken, die über Schulerfolg bzw. Misserfolg entscheiden. Der herkömmliche Intelligenzbegriff scheint dafür bei weitem nicht mehr ausreichend zu sein.

Wer bereit ist genau hinzuschauen, wird aus einer Fülle interessanter Informationen und erprobter Tipps die für ihn passenden herausfinden. Wer allerdings allgemeine Patentrezepte erwartet, wird möglicherweise enttäuscht werden, denn die Praxis zeigt es immer wieder: Jede(r) lernt anders.

Teil I: Die Theorie

1. Was ist Lernen?

1.1 Zum Beispiel Maxi

„Ich habe so viel gelernt und nun doch wieder eine schlechte Note bekommen!" Enttäuscht zeigt Maxi seinen Eltern die letzte Klassenarbeit, die er mit der Note 5 zurückbekommen hat.

Maxis Enttäuschung ist verständlich. Er hat sich wirklich Mühe gegeben, hat sogar auf sein Fußballtraining verzichtet um zu lernen und versteht nicht, warum er wieder eine schlechte Note erzielt hat.

Schlimmer noch: Liegt nicht die Vermutung nahe, dass er ganz einfach dümmer ist als die anderen? Dieser Zweifel nagt unerbittlich an seinem Selbstwertgefühl. Ist es verwunderlich, wenn Maxi beschließt, vorsichtshalber lieber gar nicht mehr zu lernen und vorzugeben, dass ihm die Schule egal ist? „Lieber faul als dumm" – damit steht er im Ansehen bei den Schulkameraden immer noch besser da. Und dass er sich damit in die Legion der so genannten Schulversager mit denkbar schlechten Aussichten auf späteres berufliches Fortkommen einreiht, ist Maxi im Moment noch vergleichsweise egal.

Wenn wir Schülern wie Maxi helfen wollen, müssen wir uns zunächst die möglichen Ursachen für schlechte Schulnoten vergegenwärtigen.

1.2 Drei Gründe für schlechte Schulnoten

Wenn Schüler in der Schule schlechte Noten erhalten, kommen in der Regel nur drei Ursachen dafür in Betracht:

- **Der Schüler hat zu wenig gelernt.**
- **Der Schüler hat keinen optimalen Zugang zu seinen Fähigkeiten und Möglichkeiten.** Das kann sich beispielsweise in mangelnder Konzentration oder in Prüfungsangst äußern und soll hier der Einfachheit halber mit dem Sammelbegriff „Blockaden" bezeichnet werden.
- **Der Schüler hat auf eine Weise gelernt, die nicht effektiv war.**

Auf Maxis Fall bezogen kommt offensichtlich vor allem die dritte Ursache in Betracht, denn erstens hat er sich zum Lernen Zeit genommen und zweitens entstehen seine Blockaden erst als *Folge* der andauernden Misserfolgserlebnisse.

Bei vielen schlechten Schülern verläuft die Schullaufbahn wie bei Maxi: Die anfängliche Lernbereitschaft und Begeisterung verwandelt sich nach einer Reihe von Enttäuschungen in Resignation, das Selbstwertgefühl bekommt einen Knacks und in der Folge entstehen Lernunlust und Blockaden, die oft nur schwer wieder aufzulösen sind. Scheint es daher nicht sinnvoller zu sein, das Entstehen von Blockaden möglichst zu vermeiden, indem die Schüler rechtzeitig mit *effektiven Lernstrategien und -methoden* vertraut gemacht werden?

„Schlechte" Schüler wie Maxi *wissen wirklich nicht, was sie falsch gemacht haben,* und der gut gemeinte Rat von Lehrern und Eltern („Du musst eben noch mehr üben!") hilft ihnen nicht weiter.

Was aber unterscheidet ihre Art zu lernen von der der erfolgreichen Schüler? Um diese entscheidende Frage beantworten zu können, lassen Sie uns zunächst die Kriterien für einen vollständigen Lernprozess betrachten.

1.3 Der vollständige Lernprozess

Jeder vollständige Lernprozess umfasst drei Phasen:

1. **Wir nehmen die neuen Informationen über unsere Sinnesorgane auf.**
   Das heißt: Wir sehen, hören, fühlen, riechen oder schmecken etwas.
   Die Sinne dienen als **Eingangskanäle**.

2. **Wir verarbeiten und speichern die Informationen.**
   Auch diese Phase wird über die Sinnesorgane gesteuert.
   Die Sinne erfüllen die Funktion von **„Verarbeitungsassistenten"**.

3. **Wir geben das Ergebnis des Verarbeitungsprozesses wieder.**
   Das neue Wissen wird angewendet.
   Die Sinne dienen als **Ausgangskanäle**.

 Der Begriff Lernstrategie bezeichnet die Reihenfolge und die Art, wie die Sinnesorgane im vollständigen Lernprozess benutzt werden.

Bevor wir uns mit diesem wichtigen Begriff näher auseinander setzen, sollen zunächst drei Beispiele verdeutlichen, wie dieser Lernprozess in der Schulpraxis gewöhnlich aussieht:

Beispiel 1: Diktatvorbereitung
Phase 1: Der Lehrer verteilt Blätter mit dem Text des nächsten Diktats, das er mit den Schülern üben möchte. Er liest den Text vor, die Schüler lesen ihn mit.
Phase 2: Auf dem Blatt befinden sich mehrere Übungsaufgaben, die die Schüler in der Schule und zu Hause bearbeiten sollen. Abschließend sollen die Kinder den Text abschreiben und/oder sich von den Eltern diktieren lassen.
Phase 3: Die Schüler schreiben das Diktat in der Schule. (Der Lehrer diktiert.)

Beispiel 2: Mathematik
Phase 1: Der Lehrer schreibt das Einmaleins mit der 8 an die Tafel, spricht es vor, die Schüler sprechen nach und schreiben es auf.
Phase 2: Die Schüler bearbeiten zu Hause und in der Schule verschiedene Aufgaben aus dem Buch oder auf Arbeitsblättern.
Phase 3: Der Lehrer prüft den Kenntnisstand der Schüler durch eine schriftliche Lernzielkontrolle.

Beispiel 3: Biologie
Phase 1: Der Lehrer führt das Thema „Das menschliche Ohr" ein. Er zeigt Schaubilder und bespricht die wichtigen Teile und ihre Funktionen.
Phase 2: Die Schüler bearbeiten gemeinsam ein Arbeitsblatt und lernen zu Hause anhand des Blattes und ihres Buches.
Phase 3: Der Lehrer befragt die Schüler mündlich zu diesem Thema.

Es ist eine bemerkenswerte Tatsache, dass die Schule sich vor allem für die Phasen 1 und 3, also die *Informationsaufnahme und -abfrage* zuständig fühlt! In der Übungsphase dagegen, also in der wichtigen Phase 2, ist der Schüler oftmals auf sich allein gestellt, da die Übungen meist als Hausaufgaben aufgegeben werden.

Vor allem die weiterführenden Schulen bieten eine Fülle von Stoff an, den der Schüler irgendwie lernen muss. Ratlose Eltern versuchen dann, in ihren Erinnerungen zu kramen und ihren Kindern bei den Aufgaben zu helfen, was oft genug mit Auseinandersetzungen und großem Energieaufwand verbunden ist.

Aber auch wenn im Unterricht genug Zeit zum Üben gegeben wird und der Lehrer für Fragen zur Verfügung steht, wird den Kindern nur selten vermittelt, *wie* sie am besten lernen können.

Es ist allerdings in der Tat nicht ganz einfach zu erkennen, wie ein Kind lernt, das heißt *welche Strategie es beim Lernen anwendet*. Auch haben Lehrer in der Regel zu wenig Zeit sich um einzelne Schüler zu kümmern.

Außerdem sind die wenigsten von ihnen mit dem Begriff der Lernstrategie im oben definierten Sinne vertraut, da dieser in der gängigen Lehrerausbildung und auch in der einschlägigen, umfangreichen Literatur zum Thema „Lernen lernen" meines Wissens bisher nicht oder wenig auftaucht.

Doch genau hier liegt der Schlüssel zum Lernerfolg! Die wichtigste Frage, die uns Erkenntnisse über die Lernstrategie bringt (also die Art und Weise, wie ein Schüler neuen Stoff aufnimmt, verarbeitet und wiedergibt), ist ganz einfach. Wir fragen ihn: „Wie hast du gelernt?"

1.4 Zwei Lernstrategien im Vergleich

Betrachten wir nun genauer, wie unterschiedlich Maxi und sein Freund Uli, der gewöhnlich gute Noten bekommt, gelernt haben. Lassen Sie uns voraussetzen, dass der jeweilige Lehrer seinen Unterricht gründlich und verantwortungsbewusst vorbereitet und durchgeführt hat. Nehmen wir zudem an, dass seine Stoffpräsentation vielseitig und interessant war. Wir lassen also den lehrerseitigen Anteil des Lernprozesses außer Acht, da dieser vom Schüler ohnehin nicht beeinflussbar ist.

Ebenso setzen wir etwas voraus, das in Wirklichkeit selten so idealtypisch vorkommt, nämlich dass beide Schüler sich zum Lernen Zeit genommen und noch keine Blockaden im Sinne von Prüfungsangst, Konzentrationsmangel oder Gleichgültigkeit entwickelt haben. In Wirklichkeit handelt es sich natürlich immer um ein ganzes System von Faktoren, die bei Schulschwierigkeiten aufeinander Einfluss ausüben, aber hier soll einmal allein der Faktor Lernstrategie explizit beleuchtet werden. Diese Vorannahme ist also wichtig, damit wir uns hier wirklich auf die reine Strategie des Lernens konzentrieren können.

Fragen wir zunächst Maxi, wie er gelernt hat. – Maxi: Ich habe so viel gelernt und doch wieder eine schlechte Note bekommen.

Wie hast du denn gelernt? – Maxi (schaut verständnislos): Was soll das heißen – wie hast du gelernt? Gelernt hab ich eben.

Wie hast du es genau gemacht? – Maxi: Na, angeschaut habe ich es.

Aber wie hast du es genau angeschaut? – Maxi: Ich habe es angeschaut und gelesen, bis ich es konnte.

Wie hast du entschieden, dass du es konntest? – Maxi: Ich habe das Blatt abgedeckt, es mir vorgesagt und dann verglichen.

Und da hast du es gekonnt? – Maxi: Ja, da habe ich es gekonnt, aber in der Schule waren die Fragen auf einmal ganz anders und ich wusste gar nichts mehr.

Mit seinen Antworten hat uns Maxi einen wichtigen Hinweis auf seine Lernstrategie geliefert:

- Er schaut sich den Stoff an.
- Er prägt sich den Stoff ein, indem er ihn sich vorsagt.
- Er vergleicht, indem er den Text wieder anschaut.

Wenn wir dagegen seinen Freund Uli, den erfolgreichen Schüler, befragen, erhalten wir folgende Lernstrategie:

- Er schaut sich den Stoff an.
- *Er macht sich den Inhalt klar, indem er Punkte sucht, an denen er mit seinem vorhandenen Wissen anknüpfen kann. Dazu können Beispiele oder andere bildhafte, auch unbewusste Vorstellungen dienen.*
- Er sagt sich den Stoff vor.
- Er vergleicht, indem er den Text wieder anschaut.

Die Lernstrategien von Maxi und Uli unterscheiden sich lediglich in einem Punkt, der jedoch für den Lernerfolg ausschlaggebend zu sein scheint, nämlich in der *visuellen Vorstellung* des Lernstoffs. Um zu verstehen, warum die visuelle Vorstellung so wichtig für erfolgreiches Lernen ist, werden wir uns im nächsten Kapitel ein wenig näher mit unseren Wahrnehmungssinnen beschäftigen.

Zusammenfassung Kapitel 1

- Schlechte Schulnoten belasten das Klima in vielen Familien. Die Eltern wollen helfen, wissen aber oft nicht, was sie tun können.

- Wenn ein Schüler schlechte Noten bekommt, obwohl er gut gelernt hat, ist der Zugang zu seinen Fähigkeiten auf Grund von Blockaden beeinträchtigt oder er lernt auf eine ungeeignete Art und Weise.

- Beim Lernen übernehmen unsere Sinne die Funktion von Lernassistenten. Sie dienen dabei als Eingangs- und Ausgangskanal sowie als Verarbeitungshilfe.

- Unter dem Begriff „Lernstrategie" verstehen wir die Reihenfolge und die Art und Weise, wie die Sinne beim Lernen eingesetzt werden.

- Erfolgreiche Lernstrategien enthalten auf jeden Fall eine visuelle Komponente.

2. Wie die Sinne beim Lernen mitwirken

2.1 Wie ein Lerntyp entsteht

Jedes gesunde Kind verfügt von Geburt an über fünf Sinne, mit denen es seine Umwelt wahrnehmen und erfahren kann: Es kann sehen, hören, fühlen, riechen und schmecken.

Der Einfachheit halber bezeichnen wir diese Sinne mit den folgenden Abkürzungen:

V = visueller Sinn (sehen)
A = auditiver Sinn (hören)
K = kinästhetischer Sinn (fühlen)
O = olfaktorischer Sinn (riechen)
G = gustatorischer Sinn (schmecken)

(Auf die letzten beiden Sinne, O und G, gehen wir im Folgenden nicht weiter ein, da sie für das schulische Lernen wenig Bedeutung haben.)

Im Laufe der Zeit, das heißt im Laufe der kindlichen Entwicklung, fällt völlig unbewusst eine weit reichende Entscheidung:

> **Das Kind entwickelt einen dieser „Wahrnehmungskanäle" in bevorzugter Weise, als eine Art Lieblingssinn. Gleichzeitig wird oft ein anderer Sinn vernachlässigt, so dass jeder Mensch schließlich durch eine bestimmte Rangfolge der Sinne geprägt ist, die gemäß den oben genannten Abkürzungen mit einer der folgenden „Formeln" ausgedrückt werden kann:**
> **V-A-K, V-K-A, A-V-K, A-K-V, K-V-A oder K-A-V**

Wann, wie und warum diese Entscheidung getroffen wird, lässt sich nicht allgemein feststellen. Frühe Kindheitseindrücke scheinen eine Rolle zu spielen. Beispielsweise mag ein Kind, das viele *optische* Eindrücke erhält, indem es zum Beispiel die Geschwister beobachtet, später das visuelle Wahrnehmungssystem bevorzugen. Ein anderes Kind, dessen Eltern oft Musik hören und viel mit ihrem Kind sprechen, wird sich vielleicht für den auditiven „Kanal" entscheiden. Für ein drittes Kind, das viel herumgetragen und mit dem oft geschmust wird, kann das kinästhetische Wahrnehmungssystem das wichtigste werden. Allerdings scheinen bei dieser Entscheidung sehr viele weitere Faktoren und Einflüsse mitzuspielen, so dass keineswegs von einem eindeutigen Ursache-Wirkungs-Zusammenhang ausgegangen werden kann.

> **!** Die bevorzugte Rangfolge der Sinne prägt jeden so nachdrücklich, dass sie großen Einfluss darauf hat, ob zwei Menschen sich durch ähnliche „Sichtweisen" verbunden oder durch unterschiedliche Vorstellungen getrennt „sehen", ob sie gut miteinander kommunizieren können oder aneinander vorbeireden und ob sie sich schnell vertraut „fühlen" oder einander fremd bleiben. Unter anderem wirkt sie sich auch sehr stark auf die Art und Weise, wie Menschen lernen, also auf den Lerntyp, aus.

Für uns als Eltern und Lehrer sind in diesem Zusammenhang vor allem zwei Erkenntnisse von Bedeutung:

- **Der Lernerfolg hängt eng mit der Art und Weise des Lernens zusammen, das heißt mit dem unterschiedlichen Einsatz der Sinne beim Lernen.**
- *Erfolgreiche* **Lernstrategien sind als bestimmte Kombinationen (Reihenfolgen) der Sinne (V, A und K) identifizierbar und damit für jeden nachvollziehbar.**

Wenn wir Schüler mit erfolgreichen Lernstrategien vertraut machen wollen, müssen wir uns zunächst klar machen, in welcher Weise die Sinne am Lernprozess beteiligt sind. Die Arbeitsweise der Sinne in ihrer Funktion als *Eingangs- und Ausgangskanäle* (Phase 1 und 3 des Lernprozesses) ist uns allen weitgehend vertraut:

Wahrnehmungssystem	*Eingangskanal*	*Ausgangskanal*
V (visuell)	sehen	wieder erkennen
A (auditiv)	hören	sprechen
K (kinästhetisch)	fühlen/tasten	tun

Welche Unterschiede, Vorteile und Charakteristika kennzeichnen aber die einzelnen Sinne in der Phase 2 des vollständigen Lernprozesses, wenn sie uns als *Verarbeitungsassistenten* dienen?

2.2 Der visuelle Sinn

Der visuelle Sinn ist für das Lernen von ganz besonderer Bedeutung. Zum einen werden die meisten neuen Informationen in der Schule über den *visuellen Eingangskanal* angeboten (zum Beispiel Tafel, Bücher, Folien). Der Schüler muss also bereits bei der Informationsaufnahme *gründlich hinschauen und genau lesen.* Wer zu oberflächlich oder ungenau liest, hat in vielen Fächern von vornherein schlechte Chancen. Vor allem in der *Rechtschreibung* wirkt es sich nachteilig aus, wenn die *Wortbilder* nicht wirklich *visuell* erfasst und erinnert werden.

Obwohl es nie zuvor eine so große Auswahl wirklich guter Kinder- und Jugendbücher gegeben hat, nutzen Kinder in der heutigen Zeit leider immer weniger die Möglichkeit, ihre visuelle Wahrnehmung zu schulen, indem sie in ihrer Freizeit lesen. Fernsehen, Video- und Computerspiele haben für viele eine ungleich stärkere Faszination. Die visuelle Reizüberflutung, die bei diesen Medien durch die ungeheuer schnelle Abfolge der Bilder verursacht wird, trägt leider nicht zur Stärkung des visuellen Wahrnehmungssystems bei.

Als „*Verarbeitungskanal*" zeichnet sich der Sehsinn durch besondere Effizienz aus. Das menschliche Gehirn „denkt" nämlich, zumindest teilweise, in Bildern. Es ist geradezu dankbar, wenn ihm *bildhafte Assoziationen* angeboten werden, da es diese leicht und direkt zu den bereits vorhandenen hinzufügen kann.

Menschen, die leicht und effektiv lernen, nutzen ihre Fähigkeit zu visualisieren meist unbewusst. Ohne es zu merken machen sie sich Vorstellungen oder Bilder von der zu lösenden Aufgabe oder dem zu lernenden Stoff und finden in allerkürzester Zeit Anknüpfungspunkte in ihrem Gedächtnis.

Vielleicht hilft Ihnen das folgende Bild, sich diesen Sachverhalt deutlich zu machen:

Stellen Sie sich das Gehirn als großen Raum vor, in dem sich unzählige kleine Gestalten, nämlich die Gehirnzellen, befinden. Sie sind scheinbar schwerelos bis oben an die Decke über den ganzen Raum verteilt und sehen sehr merkwürdig aus. Alle haben unglaublich viele Arme (die Gehirnfaserleitungen), die sie offenbar nach allen Richtungen ausstrecken können.

Auf den ersten Blick scheint das reinste Chaos zu herrschen: Die kleinen Gestalten sind ständig damit beschäftigt, ihre zahllosen Arme hin und her zu strecken, mal hierhin, mal dorthin; kreuz und quer fassen sie sich an den Händen, lassen sich wieder los, und das auch noch gleichzeitig nach rechts und links, nach oben und unten, nach hinten und vorn.

Aber auf den zweiten Blick lässt sich doch eine gewisse Ordnung erkennen: Manche von ihnen haben sich offenbar zu kleinen Grüppchen zusammengeschlossen, die sich ganz fest an den Händen halten und nicht loslassen, während sie mit ihren anderen Armen munter weiter neue Kontakte aufnehmen und wieder lösen.

Wenn wir noch genauer hinschauen, können wir weitere interessante Einzelheiten erkennen: Während die kleinen Gestalten sich anfassen, scheinen sie mit ungeheurer Geschwindigkeit winzige, bunte Kugeln an ihre Kollegen weiterzugeben und jede dieser Kugeln enthält eine Information.

Die festen Grüppchen haben offenbar die Aufgabe, diese Kugeln zu sammeln, denn bei ihnen befinden sich unzählige davon, die in phantastischen Mustern miteinander verwoben sind.

Ja, die kleinen Gestalten sind fleißig dabei, neue Muster zu weben. Jede weitere Kugel, die bei ihnen eintrifft, wird sofort an die passende Stelle befördert. Oft werden die Kugeln auch zwischen den Gruppen ausgetauscht, alles ist in Bewegung, die Muster verändern sich ständig und bilden trotzdem ruhige Pole in dem scheinbaren Chaos.

Es ist offensichtlich, dass die in den bunten Kugeln verpackten Informationen viel schneller an ihren Platz im jeweiligen Muster gelangen und dort auch wieder gefunden werden können, als es mit farblosen Kugeln möglich wäre. Ohne visuelle Hilfen ist das Lernen gewöhnlich ungleich mühsamer, da keine *Anknüpfung an das bisherige Wissen* (die bunten Muster) möglich ist und der ganze Lernstoff immer wieder von vorn wiederholt werden muss.

Wiederholungsphasen sind im Lernprozess zwar wichtig, bieten alleine aber keine Garantie für Lernerfolg. Daher müssen schlechte Schulleistungen durchaus nicht immer in mangelndem Fleiß begründet sein.

Kennzeichnend für das visuelle System ist auch der *Überblick*. Wer immer den Gesamtzusammenhang vor Augen hat, kann die Wichtigkeit der einzelnen Informationen einordnen und entsprechend *ökonomisch* lernen. Er kann auch leicht Gedankenverbindungen zu anderen Themen herstellen, wodurch das Lernen wiederum *effizienter* wird.

Die *Anziehungskraft von Bildern* lässt sich bei Kindern gut nachvollziehen: Sie lernen vor allem durch *Nachahmung*, indem sie ältere Kinder ganz genau beobachten. Manchmal stehen sie minutenlang reglos da und tun nichts anderes als zuschauen.

Schließlich beginnen sie nachzuahmen, was sie gesehen haben, und probieren es so lange aus, bis sie mit dem Ergebnis zufrieden sind.

Später wird das konkrete *Vor-Bild* mehr und mehr durch *innere* Bilder ersetzt. Sportler nutzen beispielsweise mentale Vorstellungen um sich auf wichtige Wettkämpfe vorzubereiten oder mit bestimmten Techniken besser vertraut zu werden.

Menschen, die das visuelle System bevorzugen, sind in der Regel nicht nur beim Lernen erfolgreich. Auf Grund ihrer Fähigkeit sich Bilder zu machen können sie klare *Zielvorstellungen* entwickeln und sind entsprechend motiviert ihre Ziele zu erreichen.

2.3 Der auditive Sinn

Auch das auditive Wahrnehmungssystem nimmt als *Eingangskanal* viele neue Informationen auf und es gilt wie beim visuellen System: Wer nicht *genau hinhört*, was der Lehrer sagt, hat schlechte Chancen auf gute Noten. Da es nahezu unmöglich ist zwei Menschen gleichzeitig zuzuhören, kann ein Schüler, der sich gerade auf den Witz seines Banknachbarn konzentriert, leicht eine wichtige Information des Lehrers verpassen.

Auch *Unruhe* in der Klasse erschwert die auditive Informationsaufnahme und die dafür nötige Konzentration. Schüler, die den Lernstoff überwiegend auditiv aufnehmen, leiden daher in besonderem Maße, wenn sie den Lehrer nicht hören können, und lassen sich durch Geräusche leicht ablenken. (Manchmal verhilft ihnen schon ein Wechsel des Sitzplatzes zu besseren Schulleistungen.)

Außerdem ist es sehr schwer über den auditiven Kanal zu erkennen, welche Informationen wichtig sind, da der Gesamtzusammenhang erst am Schluss deutlich wird. Da kann es schon einmal passieren, dass der Lehrer redet und der Schüler wirklich zuzuhören versucht, aber da der Stoff vielleicht nicht sehr interessant erscheint, schaltet der Schüler einen Augenblick ab und schon hat er den Faden verloren. Da er in der Regel nicht die Möglichkeit hat, den Lehrervortrag auf einem Kassettenrekorder mitzuschneiden und später noch einmal anzuhören, ist die Information unwiederbringlich verloren. So bleiben ihm nur noch folgende Möglichkeiten:

- **Er fragt den Lehrer noch einmal (und riskiert, zum zweiten Mal nicht zu verstehen oder sich als dumm zu präsentieren).**

- **Er fragt seine Klassenkameraden (die wahrscheinlich auch nur die Hälfte mitbekommen haben).**

- **Er schaut in seinem Buch nach** (und findet entweder nicht das richtige Kapitel oder die Seite ist ihm zu unübersichtlich, außerdem liest er sowieso nicht gern …).

- **Er fragt die Eltern** (die es aber auch nicht wissen oder irgendwie „ganz anders" erklären).

Wenn der Stoff dann in der nächsten Stunde abgefragt wird, kann er nur noch auf einen verständnisvollen Banknachbarn hoffen, der ihn vielleicht abschreiben lässt.

Die innere auditive Verarbeitung ist linear wie das Abspulen einer Kassette. Die Informationen werden nicht in ein vorhandenes Muster eingebettet, sondern immer schön der Reihe nach weitergegeben.

Wir können uns vorstellen, dass (in unserem Bild vom Gehirn) die Kugeln mit den auditiven Informationen praktisch farblos sind, aber unterschiedlich klingen. Unsere kleinen Helfer mit den vielen Armen wissen im Gegensatz zu den bunten Kugeln nicht gleich, wo sie diese unscheinbaren Kugeln weitergeben, abliefern oder wieder finden sollen. Sie müssen jede Kugel an ihr Ohr halten und lauschen um zu wissen, wo sie hingehört. Das erfordert viel Zeit und große Konzentration.

Immer wenn bei diesem langwierigen Prozess eine Kugel verloren gegangen ist (was sehr häufig passiert), rollt sie an den Eingang des großen Raumes zurück und ihr Weg beginnt von vorn – so lange, bis sie endlich ihren Platz gefunden hat. Erst nach etlichen Durchläufen findet die farblose Kugel ihren Weg dann wie von selbst.

Ein typisches Beispiel für diese lineare (auditive) Speicherung ist das Alphabet. Jeder von uns kann es der Reihe nach aufsagen, aber was tun wir, wenn wir plötzlich nach dem *Vorgänger* des Buchstabens K gefragt werden? – Mal ehrlich, die meisten müssen wieder bei A anfangen, um schließlich das J als richtige Antwort zu finden.

Hätten wir das Alphabet *visuell* gespeichert, so hätten wir die Antwort sofort *vor uns gesehen*.

Früher, als der in der Schule verlangte Stoff noch wesentlich weniger umfangreich war, war auditives Lernen eine durchaus adäquate Methode. Alphabet, Einmaleins, Gedichte, Lieder, Deklinationen – kurz alle Inhalte, die einem bestimmten Rhythmus unterliegen und oft genug wiederholt wurden, sind teilweise für immer im Gedächtnis gespeichert. Vielleicht kennen auch Sie einen älteren Menschen, der noch heute Schillers „Glocke" oder andere Balladen mühelos rezitieren kann.

Heutzutage kommen wir allerdings mit dem Auswendiglernen nicht mehr sehr weit. Es wird *flexible Anwendung des Lernstoffs* gefordert und vor allem in der Mathematik muss jede Aufgabe neu durchdacht, also visualisiert werden. Dennoch verstehen viele Schüler, Lehrer und Eltern unter dem Begriff Lernen immer noch das reine Auswendiglernen, auch „Pauken" genannt. Unsere Schulen unterstützen diese Lernart oft durch ihre Art der Lernkontrolle. Der Stoff der letzten Stunde, Grammatik- und Rechenregeln, Vokabeln werden abgefragt und danach gewöhnlich wieder vergessen.

In Anbetracht dieser Umstände kann es durchaus vorteilhaft sein, wenn man sich den Stoff relativ leicht über den auditiven Kanal einprägen kann und zumindest im Kurzzeitgedächtnis zur Verfügung hat. Wirkliches, dauerhaft anwendbares Wissen entsteht auf diese Weise aber nicht.

Im *Mathematikunterricht* ist derjenige verloren, der sich nur auf seine Fähigkeiten im Auswendiglernen verlässt. Jede Aufgabe ist anders und ohne Zahlenvorstellung hat der Schüler keine Chance selbst zu merken, ob eine Lösung überhaupt richtig sein *kann*. Weil ihm diese Kontrollmöglichkeit fehlt, fühlt er sich permanent unsicher. Kein Wunder, dass sich mit der Zeit Angst, Blockaden und Abneigung gegen das ungeliebte Fach entwickeln.

Was im Mathematikunterricht erwartet wird, ist in anderen Fächern nicht selbstverständlich. Es fällt auf, dass in unserem Schulsystem viel zu wenig Wert auf wirkliches Verständnis, das nur auf bildhaftem Denken und auf Anwendung des Gelernten beruhen kann, gelegt wird. In Anbetracht der überfrachteten Lehrpläne ist es zeitlich allerdings kaum möglich, den Unterricht entsprechend anzulegen.

Menschen, die das auditive System bevorzugen, verfügen in der Regel über ein sehr *gutes Gehör*. Sie sind entsprechend musikalisch oder fallen durch die Leichtigkeit auf, mit der sie sich *Fremdsprachen* aneignen können.

Sehr häufig sind sie ausgesprochen *kommunikationsfreudig,* das heißt sie sprechen und diskutieren gern und haben hier die große Chance, durch Gespräche viel Neues zu erfahren, ihr Wissen zu erweitern und Lösungsmuster oder Denkansätze zu entwickeln.

Oft ist es amüsant, auditiven Menschen zuzuhören, da viele über ein hervorragendes Erzähltalent verfügen. Andererseits stellen sie die Geduld ihrer Zuhörer manchmal hart auf die Probe, da es ihnen schwer fällt sich kurzzufassen. Beispielsweise kann es passieren, dass sie auf die beiläufige Frage nach ihrem Befinden das letzte Gespräch mit ihrem Arzt in aller Ausführlichkeit und in genauester Chronologie wiedergeben.

2.4 Der kinästhetische Sinn

Kinästhetisches Lernen ist körperliches Lernen durch Bewegen, durch Handeln, durch Begreifen. Diese Art des Lernens ist äußerst *gründlich*. Wer einmal Schwimmen, Radfahren oder irgendeine handwerkliche Tätigkeit gelernt hat, verlernt sie niemals wieder. Auch wenn er es lange nicht mehr anwendet, verringert sich höchstens die Sicherheit und Routine, aber die Muskeln „vergessen" nicht.

Kindliches Lernen ist immer zu einem großen Teil auch kinästhetisches Lernen. Kinder wollen und müssen alles anfassen, selber machen, ausprobieren, auch wenn das für die Eltern manchmal sehr nervenaufreibend sein kann.

Die Schule bietet leider sehr wenig Gelegenheit zu dieser gründlichen Art des Lernens. Selbst in der Grundschule müssen die Kinder hauptsächlich im Sitzen lernen und die einzige Tätigkeit, die der Hand zu tun bleibt, ist meistens das Schreiben. Schüler, die das kinästhetische System bevorzugen, sind daher in unseren Regelschulen immer *benachteiligt*.

Der Einsatz unterschiedlichster Materialien, jede Art von Rollenspielen und die Erlaubnis sich beim Lernen zu bewegen, wären ihnen große Hilfen und würden in vielen Fällen zu deutlich besseren Schulleistungen führen. Da aber die wenigsten Lehrer diese Möglichkeiten nutzen (können), werden gerade die kinästhetischen Schüler oft zu Störenfrieden und es ist auffallend, dass viele von ihnen auf Sonderschulen zu finden sind.

Für kinästhetische Schüler ist eine *gute Atmosphäre* äußerst wichtig. Für ihren Schulerfolg spielt es eine große Rolle, ob ihnen der Lehrer sympathisch ist und sie sich im Klassenverband wohl fühlen. Wenn es Konflikte mit Freunden, Eltern oder Lehrern gibt, brauchen sie ihre ganze Energie um damit fertig zu werden, so dass in solchen Fällen sehr häufig mit schlechten Leistungen in der Schule zu rechnen ist.

Kinästhetisches Lernen braucht *Anhaltspunkte* zum Festhalten. Solche Schüler greifen wie Nichtschwimmer im tiefen Wasser nach den berühmten Strohhalmen, die vorübertreiben. Auch wenn ein Strohhalm sie nicht trägt, lassen sie ihn nicht los, solange sie nicht einen Ersatz dafür gefunden haben. Zum Beispiel bestehen jüngere Kinder beim Rechnen auf dem Fingerzählsystem, auch wenn für hohe Zahlen die Finger längst nicht mehr ausreichen.

Menschen, die das kinästhetische System bevorzugen, sind eher *Praktiker*. Sie machen sich nicht viele Gedanken über eine Aufgabe, sondern fangen einfach mal „aus dem Bauch heraus" irgendwie an. Durch Ausprobieren kommen sie dann oft zur richtigen Lösung eines Problems, falls sie genug Zeit zur Verfügung haben. Sie verfügen oft über bemerkenswerte *handwerkliche* oder *künstlerische* Fähigkeiten oder sind vielleicht besonders gute *Sportler*. Wenn es etwas zu tun gibt, packen sie ohne viele Worte mit an – aber nur, „wenn die Chemie stimmt".

2.5 Mit allen Sinnen

Jedes unserer Wahrnehmungssysteme hat spezielle Aufgaben und Funktionsweisen. Die nachfolgende Tabelle zeigt in der Übersicht die wichtigsten Charakteristika der visuellen, auditiven und kinästhetischen Verarbeitungsweisen sowie mögliche (nicht notwendige) Auswirkungen auf die Persönlichkeit:

Wahrnehmungssystem	Verarbeitungsweise	Persönlichkeit
V visuell	bildhaft flexibel schnell	zielgerichtet planvoll
A auditiv	linear rhythmisch auswendig	kommunikativ musikalisch
K kinästhetisch	handelnd gründlich langsam	praktisch gefühlsabhängig spontan

Zwar ist in der Schule das visuelle System das am meisten Erfolg versprechende, doch sind beim Lernen immer *alle* Sinne beteiligt. Schließlich hat jeder Mensch ja grundsätzlich alle Sinne zur Verfügung und kann sie entsprechend nutzen. *Lernen mit allen Sinnen* ist nicht nur gründlich und effektiv. Es macht auch einfach mehr Spaß, weil wir all unsere Fähigkeiten dabei einbringen können.

Genau genommen gibt es den *rein visuellen* oder *rein auditiven* oder *rein kinästhetischen* Lerntyp natürlich nicht. Ein überwiegend visuell orientierter Mensch nutzt natürlich auch seinen auditiven bzw. kinästhetischen Sinn, wenn er beispielsweise Klavier spielt oder ein Bild malt. Bei einer Tätigkeit wie dem Lesenlernen kann er seine Sinne auch *gleichzeitig* in ihren verschiedenen Funktionen einsetzen: Die Augen *sehen* die Buchstaben, die Finger *zeigen* die Textstelle, der Mund *spricht* die Wörter aus. Es kann also je nach Situation durchaus verschieden sein, welchen Sinn er bevorzugt, aber insgesamt und in der Regel wird er eher visuell reagieren.

> **!** Wenn wir im Folgenden die Bezeichnung „Lerntyp" verwenden, verstehen wir darunter die *allgemein bevorzugte Rangfolge,* in der ein Mensch seine Sinne einsetzt. (Welchen Wahrnehmungskanal nutzt er in erster Linie und am liebsten?)
>
> Mit dem Begriff „Lernstrategie" dagegen bezeichnen wir die spezielle, *auf eine bestimmte Lernsituation bezogene Abfolge* von Wahrnehmungs- und Verarbeitungsschritten. (In welcher *Reihenfolge* sind seine Sinne an einem bestimmten Lernprozess beteiligt?)

Im nächsten Kapitel werden Sie erfahren, wie Sie die verschiedenen Lerntypen erkennen können.

Zusammenfassung Kapitel 2

- Der Mensch verfügt über fünf Sinne, mit deren Hilfe er seine Umwelt wahrnimmt. Jeder setzt diese Sinne in einer für ihn typischen Rangfolge ein.
- Das visuelle System zeichnet sich beim Lernen durch Schnelligkeit und Effizienz aus.
- Das auditive System arbeitet rhythmisch-linear und ist beim Auswendiglernen von Vorteil.
- Kinästhetisches Lernen ist besonders gründlich, benötigt dazu aber die Möglichkeit zum konkreten Handeln.
- Beim Lernen sollten möglichst alle Sinne beteiligt sein. Der visuelle Sinn ist für den Schulerfolg allerdings von *entscheidender* Bedeutung.

3. Wie man Lerntypen erkennen kann

3.1 Die wichtigsten Methoden

Das Erkennen und Bestimmen eines Lerntyps ist nicht ganz einfach; es ist nicht immer eindeutig festzumachen, welchen Lerntyp ein Schüler verkörpert. Schließlich gibt es je nach Situation viele Variations- und Kombinationsmöglichkeiten, die Sinne einzusetzen.

Im Folgenden beschreibe ich einige Methoden, die ziemlich genaue Rückschlüsse auf den Lerntyp erlauben:

- Auf die Wortwahl achten
- Die Augenbewegungen identifizieren
- Das Verhalten beobachten
- Einen Testbogen ausfüllen lassen

Während die ersten drei Methoden etwas Geduld und Übung erfordern, kann der Test schnell, einfach und ohne große Vorbereitung von jedem durchgeführt werden. Idealerweise versucht man, möglichst viele Hinweise zu sammeln, wie das folgende Beispiel zeigt.

Beispiel:

Christian, 17 Jahre, Schreiner-Azubi, wird gefragt, welchen Sinn er beim Lernen wohl bevorzuge.

Antwort	Wortwahl	Augenstellung	Hinweis auf
(Schaut nach unten) „Das kommt auf die **Einstellung** an. …"	Einstellung	😊 (Augen nach unten)	K K
(Schaut zur Seite) „… Manchmal muss man es einfach **pauken**, …"	pauken	😊 (Augen zur Seite)	A A
(Schaut nach oben) „… manchmal muss man darüber nachdenken."	(unspezifisch)	😊 (Augen nach oben)	V

*Auch sein schulisches **Verhalten** deutet auf die Kombination K-A-V hin, denn Christian gilt als Legastheniker (schwach ausgeprägte visuelle Wahrnehmung), ist ein geselliger, kommunikativer Mensch (A) und hat aus Überzeugung einen handwerklichen Beruf (K) gewählt. In der Phase der Trennung von seiner Freundin wurden seine Noten sehr schlecht, da ihm die Schule in dieser Zeit egal war (K).*

Der Lerntyptest (vgl. Seite 41 ff.), den Christian absolviert, bestätigt die vermutete Rangfolge K-A-V.

Allgemein lässt sich feststellen:

 Je genauer Sie beobachten und zuhören und je mehr Methoden Sie anwenden, desto facettenreicher und aussagekräftiger wird das Lerntyp-Bild des jeweiligen Schülers.

Hilfreich ist es auf jeden Fall, wenn Sie die im Folgenden angebotenen Übungen selbst ausprobieren und zunächst Ihr eigenes bevorzugtes Wahrnehmungssystem identifizieren.

3.2 Auf die Wortwahl achten

Lassen Sie uns zunächst wieder ein Beispiel betrachten:

Die Klasse 7e ist begeistert von ihrem Lehrer, Herrn Huber. Bitte lesen Sie die folgenden Schüleraussagen von Markus, Tina und Sebastian über Herrn Huber und entscheiden Sie, über welches Wahrnehmungssystem Herr Huber jeden Einzelnen der drei Schüler besonders anspricht.

Markus: *Ich mag Herrn Huber, denn er gibt sich so viel Mühe um uns alles klarzumachen. Immer hat er Arbeitsblätter oder Folien vorbereitet, meistens mit interessanten Bildern oder Graphiken. Wir fertigen auch oft selbst bunte Lernplakate mit den wichtigsten Regeln an. Da ist dann alles Wichtige schön übersichtlich zu sehen. Außerdem haben wir jetzt auch eine Klassenbücherei eingerichtet, mit tollen Büchern zu vielen Themen und mit Nachschlagewerken, in denen man alles noch einmal anschauen kann.*

Tina: *Ich mag Herrn Huber, weil er so gut erklären kann und oft kleine Geschichten erzählt. Manchmal singen wir auch zusammen oder dürfen leise Musik hören, wenn wir lernen. Einmal haben wir selbst ein Hörspiel aufgenommen. Außerdem gefällt mir, dass wir immer diskutieren, wenn es Probleme gibt. Dann sitzen wir im Stuhlkreis und jeder, der etwas sagen möchte, kommt zu Wort, bis wir eine Lösung gefunden haben. Deswegen ist die Stimmung in der Klasse jetzt viel besser als früher.*

Sebastian: *Ich mag Herrn Huber, weil er so viel mit uns macht. Im Sommer haben wir Pflanzen gesammelt und in einem Album zusammengestellt. Im Winter, als es viel Schnee gab, haben wir einmal einen echten Iglu gebaut. Das war ganz schön schwer, aber wir haben es geschafft, weil jeder mit angepackt hat, auch Herr Huber selbst hat mitgeholfen. Wir haben auch selbst eine Zeitung über unsere Klassenfahrt hergestellt. Da konnte jeder eine schöne Erinnerung mit nach Hause nehmen. Ich finde, das Lernen macht richtig Spaß bei ihm.*

Sie haben sicher bemerkt: Markus lernt leichter, wenn er visuelle Informationen bekommt (V), Tina möchte hören und sprechen (A) und Sebastian versteht am besten, wenn er etwas tun kann (K). Die drei haben übrigens wirklich Glück, dass sie einen Lehrer wie Herrn Huber bekommen haben, denn er versucht in seinem Unterricht wirklich alle Lerntypen zu berücksichtigen.

Viele Wörter unserer Sprache beziehen sich – das ist sicherlich keine Neuigkeit – eindeutig auf jeweils *ein* bestimmtes Wahrnehmungssystem. Interessant ist, dass manche dieser Wörter und Redewendungen von manchen Menschen bevorzugt, von anderen dagegen nie benutzt werden. Daher können schon sie allein wichtige Hinweise auf den bevorzugten Sinn eines Menschen darstellen.

 Wer genau hinhört, kann das bevorzugte Wahrnehmungssystem an der Wortwahl eines Menschen erkennen.

In der folgenden Tabelle sind ein paar dieser sinnesspezifischen Wörter und Ausdrücke aufgelistet:

V (visuell)	A (auditiv)	K (kinästhetisch)
sonnenklar	zustimmen	handfest
Ich sehe das so	wie gesagt	tunlichst
schwarz malen	Hör mal zu!	schwer wiegend
einsichtig	hört sich gut an	durchstehen
sich ein Bild machen	klingt gut	herzlich
Das sieht gut aus	harmonisch	mit Nachdruck
übersichtlich	Das sag ich mal so	begreifen
Schau mal!	stimmig	Das berührt mich nicht
einleuchtend	betonen	praktisch

Mit den im Folgenden beschriebenen Übungen können Sie Ihre Fähigkeit, diese typischen Wörter zu identifizieren, verfeinern.

Übung 1

Bitte suchen Sie aus den weiter oben zitierten Aussagen von Markus, Tina und Sebastian diejenigen Wörter und Ausdrücke heraus, die auf ihr jeweiliges Lieblingssystem hinweisen!

Markus/visuell	Tina/auditiv	Sebastian/kinästhetisch

*Zum Vergleich hier die „Lösungen": **Markus/V:** klarmachen, Bilder, Graphiken, bunt, Plakate, übersichtlich, anschauen. **Tina/A:** erklären, erzählen, singen, Musik hören, Hörspiel, diskutieren, zu Wort kommen, sagen, Stimmung. **Sebastian/K:** machen, sammeln, bauen, schwer, anpacken, herstellen, mitnehmen, mitmachen, Spaß machen.*

Zur Schulung Ihrer auditiven Wahrnehmungsfähigkeit empfehlen sich die folgenden bewährten Übungen:

Übung 2
Achten Sie bewusst auf die Wortwahl Ihres Kindes, Ihrer Freunde, Kollegen oder Schüler und registrieren Sie typische, sinnesspezifische Ausdrücke!

Übung 3
Notieren Sie bei einer Radio- oder Fernsehsendung (zum Beispiel bei einer Talkshow) typische, sinnesspezifische Begriffe, die von einer beliebigen Person in einem Zeitraum von fünf oder zehn Minuten benutzt werden.

Übung 4
Achten Sie auf Ihre eigene Wortwahl!
Berichten Sie beispielsweise über den gestrigen Tag, den letzten Urlaub oder Ihre Arbeit (aufschreiben oder auf Kassette sprechen) und werten Sie Ihren Text mit Hilfe einer Strichliste aus, in der Sie die von Ihnen benutzten sinnesspezifischen Ausdrücke abzählen können.
Haben Sie am häufigsten visuelle, auditive oder kinästhetische Begriffe verwendet? Welche Sinne haben Sie am zweit- und dritthäufigsten angesprochen?

3.3 Das Verhalten beobachten

Die Bevorzugung eines bestimmten Sinnes äußert sich oft auch in sinnesspezifischen Verhaltensweisen und Fähigkeiten, die ein aufmerksamer Beobachter leicht erkennen kann. Diese Methode der *Verhaltensbeobachtung* bietet sich vor allem bei jüngeren Kindern an, die noch ganz spontan und unbewusst reagieren. Mit Hilfe der folgenden Übung werden Sie Ihr Kind vielleicht ein wenig besser verstehen. Sie können die Ergebnisse auf zweierlei Arten verwenden:

- **Unterstützen Sie Ihr Kind im Üben derjenigen Sinne, die es weniger zu nutzen scheint!**
- **Stärken Sie das Selbstvertrauen Ihres Kindes, indem Sie seine besonderen Fähigkeiten und Stärken würdigen!**

Übung 6

Beobachten Sie Ihr Kind gut und bewerten Sie die Merkmale, die auf Ihr Kind zutreffen, in den folgenden Tabellen mit …
- *2 Punkten, wenn sie in besonderem Maße zutreffen.*
- *1 Punkt, wenn sie manchmal zutreffen.*
- *0 Punkten, wenn sie selten oder nie zutreffen.*

Anschließend tragen Sie hier die Gesamtpunktzahlen ein:

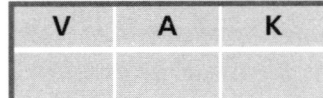

Hinweise auf das visuelle System: *Das Kind …*	Punkte
malt gern (bunte) Bilder	
hat viele Ideen und Pläne	
möchte beim Vorlesen die Bilder anschauen	
ist ordnungsliebend	
achtet auf seine Kleidung und sein Äußeres	
denkt logisch und folgerichtig	
liebt Bücher	
hat eine klare Schrift	
fasst Neues schnell auf	
schaut beim Nachdenken nach oben	
Gesamtpunktzahl:	

Hinweise auf das auditive System: Das Kind …	Punkte
erzählt gern	
merkt sich leicht Lieder	
telefoniert gern	
hört gern Kassetten oder Geschichten	
lernt leicht auswendig	
kann gut zählen	
kann Dialekte nachahmen	
bewegt beim Nachdenken lautlos die Lippen	
leidet unter Unruhe/ist leicht ablenkbar	
schaut beim Nachdenken zur Seite	
Gesamtpunktzahl:	

Hinweise auf das kinästhetische System: Das Kind …	Punkte
möchte alles selbst ausprobieren	
bewegt sich gern	
liebt Rollenspiele	
bevorzugt bequeme Kleidung	
sucht körperliche Nähe	
berührt gern Gegenstände und Menschen	
macht beim Erzählen Körperbewegungen	
ist geschickt im Basteln	
verfügt über eine gute Körperbeherrschung	
schaut beim Nachdenken nach unten	
Gesamtpunktzahl:	

3.4 Die Augenbewegungen identifizieren

Denk- und Lernstrategien lassen sich auch durch genaues Beobachten der Augenbewegungen erkennen. Die meisten Menschen folgen beim Nachdenken nämlich ähnlichen, unwillkürlichen Augenbewegungsmustern:

Sie schauen nach oben, wenn sie bildhaft denken (V), sie schauen zur Seite, wenn sie auf Stimmen oder Geräusche achten (A), und sie schauen nach unten, wenn sie sich auf Gefühle konzentrieren (K).

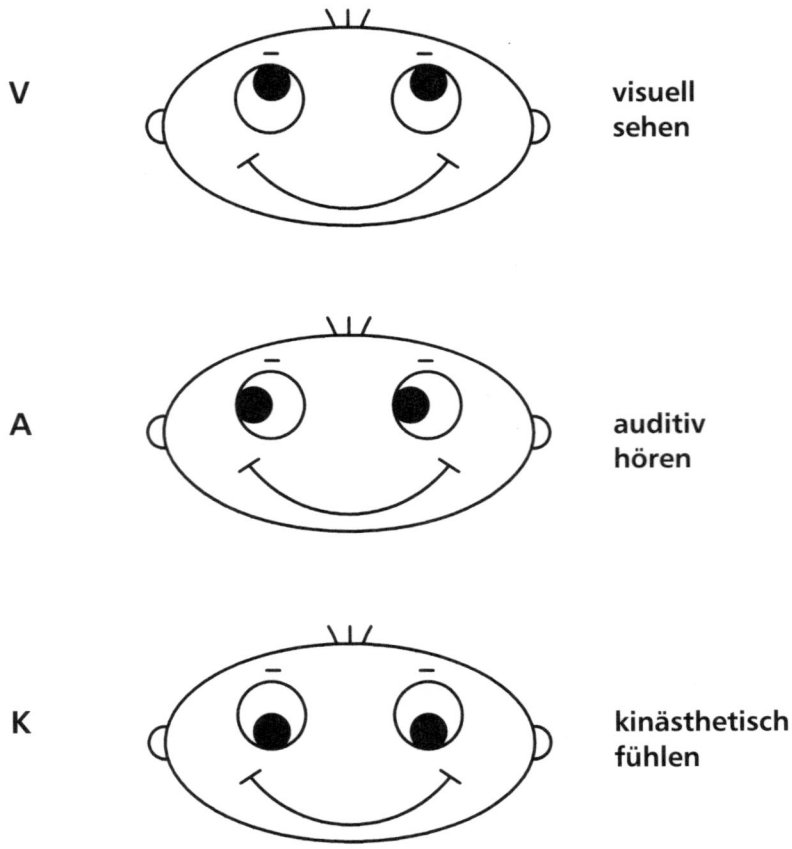

Beispiel:

Ein Schüler sitzt über seinen Hausaufgaben. Als er nicht weiterkommt, lassen sich folgende Augenbewegungen erkennen:

1. Er schaut zur Seite und versucht sich zu erinnern, was der Lehrer dazu gesagt hat (A).

2. Dann schaut er nach unten auf sein Blatt.
   Er fühlt sich schlecht (K), weil er die Aufgabe nicht lösen kann.

3. Schließlich blickt er Hilfe suchend nach oben (V) und hat endlich die zündende Idee.

Seine Denkstrategie ist in diesem Fall also eine **A - K - V** - Strategie.

Diese weit verbreiteten Augenbewegungsmuster lassen sich noch genauer differenzieren.

Für sehr viele Menschen gilt:

Art des Nachdenkens	Augenstellung	Abkürzende Schreibweise	Beispiel
visuell erinnern		Ve	Wortbilder speichern
visuell konstruieren		Vk	eine Sachaufgabe vorstellen
auditiv erinnern		Ae	ein Gespräch wiedergeben
auditiv konstruieren		Ak	eine Melodie komponieren
Gefühlen nachspüren		K	„Ist das langweilig …"
einen inneren Dialog führen		Aid	Selbstgespräch

Diese Augenbewegungsmuster sind der genaueste Schlüssel für das Erkennen von Denk- und Lernstrategien.

Sie sind allerdings in der Regel nicht leicht zu erkennen, weil sie oft schnell wechseln und teilweise sehr kurz, manchmal nur Bruchteile von Sekunden andauern können. Wenn sie aber deutlich erkennbar sind, ermöglichen sie einem Betrachter exakt nachzuvollziehen, welche geistigen Prozesse ein Mensch bei einer bestimmten gedanklichen Tätigkeit gerade durchläuft.

Wir werden uns in der folgenden Übung auf das Identifizieren der *visuellen* Augenmuster beschränken, da diese für den Lernerfolg in der Schule, vor allem im Rechtschreiben und in der Mathematik, ausschlaggebend sind. Mit dieser Übung können Sie überprüfen, ob das Augenbewegungsmuster Ihres Kindes/Schülers/Partners mit dem oben vorgestellten Muster übereinstimmt.

Übung 7

Stellen Sie Ihrem Kind/Schüler/Partner folgende Fragen und versuchen Sie, seine typischen Augenbewegungsmuster zu erkennen. Die ersten Fragen sind an das visuelle Gedächtnis (Ve) gerichtet, während die letzten Fragen die visuelle Vorstellungskraft (Vk) aktivieren sollen.

Zeichnen Sie in das jeweils danebenstehende Schaubild die entsprechende Augenstellung ein, falls sie deutlich geworden ist!

Fragen, die die visuelle Erinnerung (Ve) aktivieren:

Fragen	*Beobachtete Augenstellung*
Beschreibe, wo du in den letzten Ferien gewesen bist!	
Wie sieht dein täglicher Schulweg aus?	
Wie viel Fenster hat das Haus, in dem du wohnst, an der Vorderseite?	
Welche Haar-/Augenfarbe/ Frisur hat deine Freundin/ Mutter/Schwester?	

Was kannst du alles von deinem Bett aus sehen?

Bitte buchstabiere das Wort „Computerspiel"!

Fragen, die die visuelle Vorstellung (Vk) aktivieren:

Fragen *Beobachtete Augenstellung*

Wie würden Wesen von einem
fremden Planeten aussehen?

Stell dir einen blauen Hasen mit weißen Streifen
auf einer rosafarbenen Wiese vor!

Was würdest du tun, wenn du 1 Million Mark
zur freien Verfügung hättest?

Was würde sich ändern, wenn es keine Autos
mehr gäbe?

Stell dir 555 bunte Gummibärchen vor,
die in einer Reihe aufgestellt sind!

Wie viel ist 3 x 7 + 21 – 2?

Konnten Sie typische Augenbewegungsmuster erkennen?

Dann haben Sie eine sehr gute Beobachtungsfähigkeit oder Ihr Partner hat sehr deutliche Muster gezeigt oder Sie haben geschickt nachgefragt und dabei immer wieder den visuellen Aspekt der Antwort eingefordert („*Wie sähe das genau aus?*")!

Wenn Ihr Kind oder Partner als Reaktion auf Ihre Fragen zur Seite oder nach unten geschaut hat, hat es/er die Antwort nicht im visuellen, sondern eher im auditiven oder im Gefühlsbereich gesucht.

Falls Sie keine typischen Unterscheidungen zwischen Ve und Vk identifizieren konnten, reicht es vorerst aus, dass Sie überhaupt erkannt haben, in welche Richtung der Blick bei visuellen Prozessen geht. In der Tat geht er bei den meisten Menschen nach oben.

Auf die besondere Bedeutung der Augenmuster beim Rechtschreiben und beim Rechnen werden wir später zurückkommen.

Zunächst werden Sie nun die einfachste Methode einen Lerntyp zu bestimmen, nämlich das Testverfahren, kennen lernen.

Vielleicht haben Sie bereits einmal einen der bisher bekannten Lerntyptests durchgeführt? Üblicherweise muss die getestete Person sich dabei eine bestimmte Anzahl von Begriffen auf verschiedene Arten merken, nachdem diese visuell, auditiv, kinästhetisch oder in einer Kombination der drei Arten vorgestellt wurden. Die Anzahl der gemerkten Begriffe bei den verschiedenen Durchgängen gibt Aufschluss darüber, welcher Wahrnehmungssinn am erfolgreichsten gearbeitet hat.

Meiner Erfahrung nach hat diese Art von Lerntyptests zwei entscheidende Nachteile: Zum einen werden die Sinne im Wesentlichen in ihrer Funktion als Eingangs- und Ausgangskanal, also bei der *Informationsaufnahme und -wiedergabe* getestet. Der wichtige Schritt der *inneren Verarbeitung* wird dagegen nicht kontrolliert.

Zum anderen geraten vor allem Menschen, die bereits schlechte Lernerfahrungen gemacht haben, bei solchen Tests leicht unter Leistungsdruck. Die in der vermeintlichen Stresssituation auftretenden Blockaden können das Ergebnis verfälschen, indem sie den Zugang zu wichtigen Fähigkeiten und Ressourcen wie Konzentrationsvermögen oder Selbstvertrauen behindern. Ich möchte Ihnen daher einen völlig neu entwickelten Lerntyptest vorstellen, der die eben aufgeführten Nachteile ausschließt.

3.5 Ein stressfreier Lerntyptest

Dem Lerntyptest, mit dem ich Sie hier vertraut machen möchte, liegt die Vorannahme zugrunde, dass die jeweils individuelle Rangfolge der Wahrnehmungssysteme eines Menschen sich auf alle seine Lebensbereiche auswirkt. Das *Lernen* wird hier lediglich als *Spezialfall* seiner allgemein bevorzugten Wahrnehmung und Verarbeitung von Umwelteinflüssen und -erfahrungen betrachtet. Denn:

 **Ganz gleich, ob es um die Wahl des Urlaubsziels, des Berufs, des Partners, der Hobbys oder um das Verhalten in Konfliktsituationen, in Diskussionen oder eben beim Lernen geht – meistens lässt sich ein ähnliches Grundmuster erkennen, das in unzähligen Variationen die Rangfolge der Wahrnehmungssysteme eines Menschen ausdrückt.**

Daher scheint dieser Test auf den ersten Blick nicht viel mit dem Thema „Lerntyp" zu tun zu haben, denn viele Fragen beziehen sich auf völlig andere Gebiete. Dennoch lassen sich in der Regel recht eindeutige Rückschlüsse auf das Lernverhalten ziehen.

Es ist sogar ein entscheidender Vorteil dieses Tests, dass er das Lernen nicht direkt abfragt, indem beispielsweise möglichst viele Wörter einer bestimmten Wortreihe gemerkt werden müssen. Die getestete Person fühlt sich vielmehr „im sicheren Bereich", sie muss keine Leistung erbringen, schon gar nicht in möglichen Problembereichen wie Rechnen oder Lesen. Blockaden auf Grund negativer Lernvorerfahrungen, die das Ergebnis verfälschen könnten, werden vermieden.

Der Test deckt eine breite Palette des täglichen Lebens und Lernens ab um der Vielfalt der individuellen Strategien gerecht zu werden. Er richtet sich vorwiegend an Schüler; sein Einsatz ist etwa ab der 5. oder 6. Klassenstufe möglich. Er ist aber auch für Erwachsene aussagefähig, wenn diese die Fragen auf ihre heutige oder damalige Situation übertragen.

Für Schüler der 3. und 4. Klassenstufe ist die *Kurzfassung* ausreichend, die im Anschluss an den ausführlichen Test, der vier Seiten umfasst, abgedruckt ist. Sie enthält nur Fragen, die für diese Altersstufe angemessen sind.

Nach den Testseiten folgt eine Anleitung zur Auswertung für die Schüler selbst. Alle diese Seiten (Seite 41 bis 53) können Sie als Kopiervorlagen benutzen (auf A4 vergrößern).

Test: Welchen Wahrnehmungssinn bevorzuge ich?

Bitte lies die folgenden Fragen und die drei jeweils möglichen Antworten genau durch!
Entscheide dann, welche Antwort am besten zu dir passt. Diese Antwort bewertest du mit 2 Punkten. Die Antwort, die am zweitbesten zu dir passt, bekommt 1 Punkt. Die Antwort, die am wenigsten zu dir passt, bekommt 0 Punkte.
Bitte entscheide dich *auf jeden Fall* für eine Reihenfolge, auch wenn es dir manchmal schwer fällt!

   2 Passt am besten
   1 Passt am zweitbesten
   0 Passt am wenigsten

1. Was ist dir im Urlaub am wichtigsten?
   ___ V Ich möchte viel Neues sehen.
   ___ A Ich höre gern fremde Sprachen.
   ___ K Ich möchte neue Eindrücke bekommen.

2. Du brauchst neue Kleidung. Wofür entscheidest du dich?
   ___ V Für modische Kleidung in meinen Lieblingsfarben.
   ___ A Kleidung ist mir nicht so wichtig.
   ___ K Für bequeme Sachen, die sich gut anfühlen.

3. Was tust du in deiner Freizeit am liebsten?
   ___ V Lesen
   ___ A Musik hören
   ___ K Sport treiben oder einfach faulenzen

4. Über welche Geburtstagsüberraschung freust du dich am meisten?
   ___ V Über ein spannendes Buch.
   ___ A Über eine Lieblings-CD.
   ___ K Über Süßigkeiten oder eine Einladung zum Pizzaessen.

V	
A	
K	

5. **Was ist dir an einem eigenen Zimmer besonders wichtig?**
   ___ V   Dass es hell ist und große Fenster hat.
   ___ A   Dass man auch mal laute Musik hören kann.
   ___ K   Dass es gemütlich ist.

6. **Welchen Lehrertyp magst du am liebsten?**
   ___ V   Den, der seinen Stoff übersichtlich und klar darstellt.
   ___ A   Den, der viel erklärt und oft Geschichten erzählt.
   ___ K   Den, der sympathisch und nett ist.

7. **Was würdest du dir als Erstes anschaffen, wenn du dein Zimmer neu einrichten dürftest?**
   ___ V   Eine Menge Poster und Bilder.
   ___ A   Einen neuen CD-Player.
   ___ K   Ein bequemes Sofa.

8. **Was findest an einem Freund/einer Freundin besonders wichtig?**
   ___ V   Ihr/sein gutes Aussehen.
   ___ A   Dass man gut miteinander reden kann.
   ___ K   Dass man sich zusammen wohl fühlt.

9. **Welchen Gegenstand nimmst du auf jeden Fall mit in den Urlaub?**
   ___ V   Meinen Fotoapparat.
   ___ A   Meinen Walkman.
   ___ K   Meine Lieblingsschuhe.

10. **Wie sicher bist du in der Rechtschreibung?**
    ___ V   Ich bin sehr sicher.
    ___ A   Ich mache hin und wieder Fehler.
    ___ K   Ich fühle mich eher unsicher.

V	
A	
K	

11. Der Lehrer stellt ein neues Spiel vor.
___ V   Ich möchte erst einmal zuschauen.
___ A   Ich möchte es genau erklärt bekommen.
___ K   Ich will es gleich ausprobieren.

12. Wie verhältst du dich beim Achterbahn fahren?
___ V   Ich betrachte die Welt von oben.
___ A   Ich schreie ganz laut.
___ K   Ich halte mich auf jeden Fall irgendwo ganz fest.

13. Wie informierst du dich über ein neues Thema, das dich interessiert?
___ V   Ich lese Bücher darüber oder suche im Internet.
___ A   Ich höre mir Vorträge an.
___ K   Ich versuche eigene Erfahrungen zu sammeln.

14. Kannst du dir Fremdwörter nur vom Hören merken?
___ V   Nein, ich muss sie auch geschrieben sehen.
___ A   Ja, das kann ich ziemlich gut.
___ K   Ich kann mir Fremdwörter ganz schlecht merken.

15. Liest du gern?
___ V   Ja, ich lese ziemlich viel.
___ A   Ich lese nicht so viel.
___ K   Ich lese fast nie.

16. Welche Einrichtung findest du am wichtigsten?
___ V   Fernsehen
___ A   Telefon
___ K   Fitnessstudio

V	
A	
K	

17. Wie planst du dein Wochenende?
- ___ V Ich habe meistens ganz klare Vorstellungen.
- ___ A Ich spreche mich mit Freunden ab.
- ___ K Ich entscheide das meistens spontan.

18. Wie nimmst du nach längerer Zeit Kontakt zu einem Freund/einer Freundin auf?
- ___ V Ich schreibe einen Brief.
- ___ A Ich rufe an.
- ___ K Ich gehe einfach mal vorbei.

19. Welche Aufgabe würdest du bei der Herstellung einer Schülerzeitung gerne übernehmen?
- ___ V Planen und Organisieren
- ___ A Interviews durchführen
- ___ K Artikel und Bilder zusammenstellen

20. Du sollst ein Referat halten.
- ___ V Ich bereite auf jeden Fall Folien dazu vor.
- ___ A Ich kann eigentlich ganz gut reden.
- ___ K Ich würde lieber etwas Schriftliches abgeben.

21. Du suchst in einer fremden Stadt einen bestimmten Platz.
- ___ V Ich orientiere mich am Stadtplan.
- ___ A Ich frage Leute nach dem Weg.
- ___ K Ich gehe einfach los und versuche den Platz selbst zu finden.

22. Stell dir bitte ein grünes Kaninchen auf einer rosafarbenen Wiese vor!
- ___ V Ich kann es ganz klar vor mir sehen.
- ___ A Das kann ich mir schlecht vorstellen.
- ___ K Ich kann vor allem spüren, wie es sich anfühlt.

V	
A	
K	

23. Was würdest du in einer Vertretungsstunde am liebsten tun?
- ___ V   Denksport- und Knobelaufgaben lösen.
- ___ A   Klassenprobleme diskutieren.
- ___ K   Spiele machen.

24. Wie würdest du dein Verhältnis zur Mathematik beschreiben?
- ___ V   Ganz gut.
- ___ A   Geht so, aber mit Textaufgaben habe ich Schwierigkeiten.
- ___ K   Eher schlecht.

25. Wie kannst du am besten lernen?
- ___ V   Mir helfen Schaubilder, Skizzen und übersichtliche Hefteinträge.
- ___ A   Ich lerne einfach alles auswendig.
- ___ K   Ich schreibe mir alles Wichtige noch einmal auf.

26. Wie löst du eine schwierige Mathematikaufgabe?
- ___ V   Ich weiß auch nicht, meistens kann ich es einfach.
- ___ A   Ich versuche mich an eine ähnliche Aufgabe zu erinnern.
- ___ K   Ich rechne irgendetwas und meistens ist es nicht richtig.

27. Welche Art von Unterricht ist dir am liebsten?
- ___ V   Schriftliches Arbeiten
- ___ A   Unterrichtsgespräche
- ___ K   Praktische Arbeiten

28. Welches Fach magst du am liebsten?
- ___ V   Mathematik
- ___ A   Englisch
- ___ K   Sport

V	
A	
K	

29. Wie beteiligst du dich an der Vorbereitung einer Klassenparty?
___ V   Ich dekoriere den Raum.
___ A   Ich wähle die Musik aus.
___ K   Ich kümmere mich um Getränke.

30. Wie teilst du dir deine Hausaufgaben ein?
___ V   Ich gehe planvoll vor und erledige das Wichtigste zuerst.
___ A   Ich erledige eins nach dem anderen.
___ K   Ich fange irgendwo an und höre auf, wenn ich keine Lust mehr habe.

31. Du hast heftigen Streit mit einem Freund/einer Freundin. Wie verhältst du dich?
___ V   Ich suche nach einer vernünftigen Lösung.
___ A   Ich rede und begründe meine Meinung oder mein Verhalten.
___ K   Ich gehe raus und knalle die Tür zu.

32. Welcher künstlerische Beruf würde am besten zu dir passen?
___ V   Filmregisseur
___ A   Schriftsteller
___ K   Bildhauer

33. Interessierst du dich für politische Themen?
___ V   Ja, das finde ich schon wichtig.
___ A   Ich diskutiere immer gern, auch über Politik.
___ K   Diese Themen berühren mich nicht sehr.

V	
A	
K	

Auswertung:

Punkte		Frage 1–16	Frage 17–33	gesamt (99!)
V	sehen			
A	hören			
K	fühlen			

Lerntyp: _____

Test: Welchen Wahrnehmungssinn bevorzuge ich?
(Kurzfassung für Klasse 3–4)

Bitte lies die folgenden Fragen und die drei jeweils möglichen Antworten genau durch!

Entscheide dann, welche Antwort am besten zu dir passt. Diese Antwort bewertest du mit 2 Punkten. Die Antwort, die am zweitbesten zu dir passt, bekommt 1 Punkt. Die Antwort, die am wenigsten zu dir passt, bekommt 0 Punkte.

Bitte entscheide dich *auf jeden Fall* für eine Reihenfolge, auch wenn es dir manchmal schwer fällt!

2 Passt am besten
1 Passt am zweitbesten
0 Passt am wenigsten

1. Du brauchst neue Kleidung. Wofür entscheidest du dich?
   ___ V Für modische Kleidung in meinen Lieblingsfarben.
   ___ A Kleidung ist mir nicht so wichtig.
   ___ K Für bequeme Sachen, die sich gut anfühlen und in denen ich mich gut bewegen kann.

2. Was tust du in deiner Freizeit am liebsten?
   ___ V Lesen.
   ___ A Musik hören.
   ___ K Sport treiben oder faulenzen.

3. Der Lehrer stellt ein neues Spiel vor.
   ___ V Ich möchte erst einmal zuschauen.
   ___ A Ich möchte es genau erklärt bekommen.
   ___ K Ich will es gleich ausprobieren.

V	
A	
K	

4. Über welche Geburtstagsüberraschung freust du dich am meisten?
　___ V　Über ein spannendes Buch.
　___ A　Über eine Lieblings-CD.
　___ K　Über Süßigkeiten.

5. Welchen Lehrer magst du am liebsten?
　___ V　Den, der seinen Stoff übersichtlich und klar darstellt.
　___ A　Den, der viel erklärt und oft Geschichten erzählt.
　___ K　Den, der sympathisch und nett ist.

6. Was würdest du dir als Erstes anschaffen, wenn du dein Zimmer neu einrichten dürftest?
　___ V　Eine Menge Poster und Bilder.
　___ A　Einen CD-Player.
　___ K　Einen superweichen Teppich.

7. Was nimmst du auf jeden Fall mit in den Urlaub?
　___ V　Fotoapparat
　___ A　Walkman
　___ K　Lieblingsschuhe

8. Wie sicher bist du in der Rechtschreibung?
　___ V　Ich bin sehr sicher.
　___ A　Ich mache hin und wieder Fehler.
　___ K　Ich fühle mich eher unsicher.

9. Liest du gern?
　___ V　Ja, ich lese ziemlich viel.
　___ A　Ich lese nicht so viel.
　___ K　Ich lese fast nie.

V	
A	
K	

10. Was ist dir bei einem Freund/einer Freundin besonders wichtig?
   ___ V Dass sie/er gut aussieht.
   ___ A Dass man über alles reden kann.
   ___ K Dass man viel zusammen machen kann.

11. Wie verhältst du dich beim Achterbahnfahren?
   ___ V Ich betrachte die Welt von oben.
   ___ A Ich schreie ganz laut.
   ___ K Ich halte mich auf jeden Fall irgendwo ganz fest.

12. Stell dir bitte ein grünes Kaninchen auf einer rosafarbenen Wiese vor!
   ___ V Ich kann es ganz klar vor mir sehen.
   ___ A Das kann ich mir schlecht vorstellen.
   ___ K Ich kann vor allem spüren, wie es sich anfühlt.

13. Was würdest du in einer Vertretungsstunde am liebsten tun?
   ___ V Denksport- und Knobelaufgaben lösen.
   ___ A Klassenprobleme diskutieren.
   ___ K Spiele machen.

14. Wie kommst du im Mathematikunterricht zurecht?
   ___ V Ganz gut.
   ___ A Es geht so, aber mit Textaufgaben habe ich Schwierigkeiten.
   ___ K Eher schlecht.

15. Wie löst du eine schwierige Mathematikaufgabe?
   ___ V Ich weiß auch nicht, meistens kann ich es einfach.
   ___ A Ich versuche mich an eine ähnliche Aufgabe zu erinnern.
   ___ K Ich rechne irgendetwas und meistens ist es nicht richtig.

V	
A	
K	

16. Welche Art von Unterricht ist dir am liebsten?
  ___ V Schriftliches Arbeiten
  ___ A Unterrichtsgespräche
  ___ K Praktische Arbeiten

17. Welches Fach magst du am liebsten?
  ___ V Mathematik
  ___ A Englisch
  ___ K Sport

18. Wie teilst du dir deine Hausaufgaben ein?
  ___ V Ich gehe planvoll vor und erledige das Wichtigste zuerst.
  ___ A Ich erledige eins nach dem anderen.
  ___ K Ich fange irgendwo an und höre auf, wenn ich keine Lust mehr habe.

19. Was machst du bei einer Klassenfahrt am Abend am liebsten?
  ___ V Monopoly oder andere Brettspiele
  ___ A Lieder singen
  ___ K Nachtwanderung

20. Welche Aufgabe würdest du bei der Herstellung einer Klassenzeitung gerne übernehmen?
  ___ V Berichte schreiben
  ___ A Interviews durchführen
  ___ K Artikel und Bilder zusammenstellen

V	
A	
K	

Auswertung:

Punkte	Frage 1–10	Frage 11–20	gesamt
V sehen			
A hören			
K fühlen			
gesamt			60

Lerntyp: _____

Auswertung

- Bitte zähle zunächst auf jeder Seite alle Punkte für V, A und K zusammen und trage sie in das Kästchen unten auf der jeweiligen Seite ein.
- Dann zähle die Punktzahlen der ersten und zweiten Seite sowie der dritten und vierten Seite zusammen und trage sie in die Tabelle am Ende des Tests ein! (Entsprechend zähle bei der Kurzfassung zunächst die Punktzahlen der Antworten 1 bis 10 und dann die der Antworten 11 bis 20 zusammen.)
- Zum Schluss zähle alle Punkte für V, A und K zusammen! (Es müssen insgesamt 99 Punkte sein, bei der Kurzfassung 60.)
- An der Höhe der erreichten Punktzahlen lässt sich nun dein allgemeiner Lerntyp erkennen. Er kann in der verkürzten Schreibweise mit **V-A-K, V-K-A, A-V-K, A-K-V, K-V-A** oder **K-A-V** bezeichnet werden. (Der erste Buchstabe ist derjenige mit der höchsten Punktzahl.)

Erklärungen zum Testergebnis

Nachdem du nun entsprechend der Höhe deiner Punktzahlen deinen Lerntyp bestimmt hast, möchtest du sicher wissen, was dieses Ergebnis für dich und dein Lernen bedeutet. Je nachdem, ob deine Punktzahlen eher gleichmäßig verteilt waren oder ob du ein Wahrnehmungssystem deutlich bevorzugst, trifft für dich eine der folgenden Erläuterungen zu.

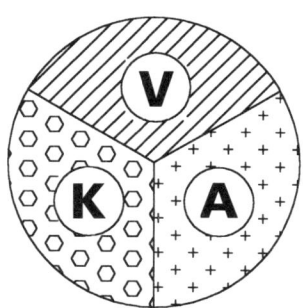

a) Ungefähr gleichmäßige Verteilung von V, A und K:
Du hast die Fähigkeit, alle deine Wahrnehmungssinne gleichermaßen zu nutzen. Das ist ein großer Vorteil, denn je nach Situation und Bedarf kannst du zwischen V, A und K wählen und die bestmögliche Lernstrategie einsetzen.

Denke daran, dass für das schulische Lernen das visuelle System am meisten Erfolg bringt. Wähle also im Zweifelsfall immer den Weg über die Augen!

b) Bevorzugt: V (Sehen)
Du kannst dich offenbar auf deine Augen verlassen! Damit hast du in der Schule gute Chancen, denn die meisten Informationen werden ja über den visuellen Kanal angeboten. (Tafel, Bücher usw.)

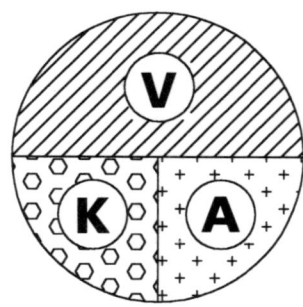

Möglicherweise liest du sehr gerne und bist auch in der Rechtschreibung sicher? Oder hast du vielleicht die Fähigkeit, dir den Lernstoff vor dem „inneren Auge" vorzustellen, was sich vor allem in guten Noten in Mathematik auswirken kann?

Mit Hilfe von inneren Bildern hast du die Möglichkeit, neue Informationen im bereits vorhandenen Datennetz deines Gehirns fest zu verknüpfen. Damit dürfte dein Lernen insgesamt ziemlich erfolgreich sein. Achte aber darauf, dass auch deine Ohren und Hände ihre Chance bekommen, dich beim Lernen zu unterstützen!

c) Bevorzugt: A (Hören)

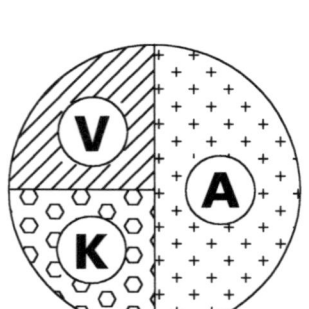

Für dich sind Hören und Sprechen entscheidende Hilfen beim Lernen. Vermutlich verfügst du über ein sehr gutes Gedächtnis und kannst dir neue Informationen und Begriffe leicht merken. Daher kannst du vor allem in den Sachfächern gute Noten erzielen. Viele auditive Menschen sind auch ausgesprochen musikalisch und lernen leicht fremde Sprachen.

Deine Fähigkeit, dich über die Sprache mit anderen Menschen auszutauschen (zu kommunizieren) ermöglicht es dir, dein Wissen zu vertiefen und neue Erkenntnisse zu gewinnen.

Vielleicht hast du in Fächern wie Deutsch (Rechtschreibung) und Mathematik (Sachaufgaben) nicht so gute Erfolge.

Hier könnte es sehr nützlich sein, wenn du dir beim Lernen auch von deinen Augen Unterstützung holst. Sie warten wahrscheinlich schon ungeduldig darauf, dir beim Lernen endlich helfen zu dürfen!

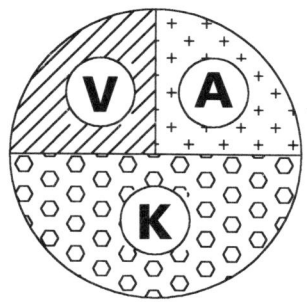

d) Bevorzugt: K (Fühlen und Bewegung)

Könnte es sein, dass du eher ein praktisch veranlagter Mensch bist, der lieber selbst zupackt als lange über etwas nachzudenken oder zu reden, und dass du dich dabei ganz gut auf dein Gefühl verlassen kannst? Dann fühlst du dich in der Schule wahrscheinlich auch bei den praktischen Fächern wie zum Beispiel Sport, Werken, Zeichnen oder Hauswirtschaft am wohlsten. Vielleicht hast du sogar herausragende Fähigkeiten auf einem dieser Gebiete?

Du kannst am besten lernen, wenn du die Möglichkeit hast selber zu experimentieren und Erfahrungen zu machen. Dann hast du neues Wissen wirklich begriffen, und zwar so gründlich, dass du es nicht so schnell wieder vergisst Leider bietet die Schule nicht sehr viel Gelegenheit dazu. Das kann dazu führen, dass du dich beim Lernen oft unsicher fühlst.

Daher wäre es vorteilhaft für deinen Lernerfolg, wenn du auch deine Augen und Ohren zu mehr Mitarbeit aktivieren könntest. Du weißt doch: Augen, Ohren und Hände bilden ein Superteam!

3.6 Die Bedeutung der verschiedenen Lerntypen

Sie haben nun verschiedene Möglichkeiten kennen gelernt, die Rangfolge der Sinne eines Menschen, also seinen Lerntyp, herauszufinden und Sie wissen bereits, dass wir sechs verschiedene Grundtypen unterscheiden können, nämlich:

V-A-K, V-K-A, A-V-K, A-K-V, K-V-A, K-A-V.

In Wirklichkeit gibt es allerdings unzählige Variationen dieser sechs Grundmuster. Die Rangfolge V-A-K beispielsweise kann unter vielen weiteren Möglichkeiten beispielsweise folgende vier Bedeutungen haben:

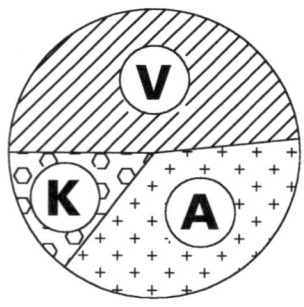

1. Das visuelle ist das Lieblingssystem des betreffenden Menschen. Er nutzt das auditive System auch noch gern, fühlt sich aber beim kinästhetischen Sinn eher unsicher.

Oder:

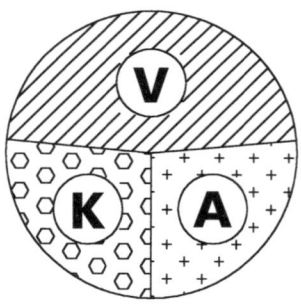

2. Der Betreffende nutzt alle drei Sinne optimal, wobei ihm allerdings der visuelle ein klein wenig lieber ist als die anderen.

Oder:

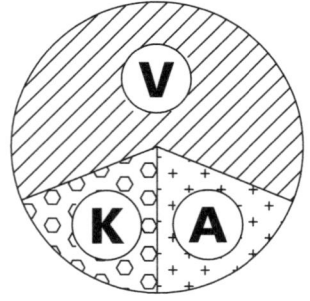

3. Er verlässt sich meistens auf sein visuelles System und benutzt die beiden anderen wenig.

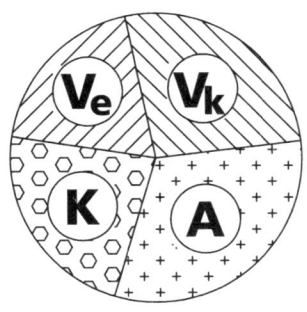

Oder:

4. Er nutzt nur in bestimmten Situationen seine visuellen, in anderen wiederum die auditiven oder kinästhetischen Fähigkeiten. Beispielsweise mag er seine visuellen Fähigkeiten zwar in der Mathematik einsetzen (Vk), verlässt sich beim Rechtschreiben aber lieber auf sein Gehör, also auf den auditiven Kanal.

Wir müssen also auch noch beachten, in welcher *Funktion* der jeweilige Sinn in den drei Phasen des Lernprozesses benutzt wird: ob er als Eingangs-, Verarbeitungs- oder Ausgangskanal aktiviert wird. Dem Lerntyptest lassen sich genauere Hinweise darauf entnehmen.

 **Die erste Hälfte der Fragen zielt auf die Nutzung der Sinne als passive, rezeptive Aufnahmekanäle, während die zweite Hälfte auf die aktiven, konstruktiven Verarbeitungs- und Wiedergabemuster eingeht.**

(Da die Ausgangskanäle in der Praxis teilweise mit den Verarbeitungsmustern identisch sind oder sich überlappen, ist in diesem Rahmen keine besondere Auswertung möglich.)

Wir können diesem Test also wichtige Informationen über die *Art der visuellen Fähigkeiten* eines Menschen entnehmen: Wer in der ersten Hälfte des Tests deutlich mehr Ve-Punkte erreicht als in der zweiten Hälfte, ist wahrscheinlich ein guter Rechtschreiber. Eine hohe Vk-Punktzahl im zweiten Teil weist dagegen auf mathematisch-logisches Denkvermögen hin.

Schließlich müssen wir zusätzlich die Tatsache berücksichtigen, dass alle Menschen nur einen winzigen Bruchteil ihrer ungeheuren Gehirnkapazitäten wirklich ausnutzen. Der Rest ist sozusagen unzugänglich und „blockiert" oder arbeitet nur unbewusst.

Der Lerntyptest kann allerdings keine Auskunft über diese quantitative Ausnutzung unseres gesamten Gehirnpotenzials geben, sondern lediglich über die qualitative Verteilung der von uns genutzten Möglichkeiten. Das bedeutet, dass zwei Schüler mit der gleichen Rangfolge der Sinne, beispielsweise V-K-A, sehr unterschiedliche schulische Erfolge haben können:

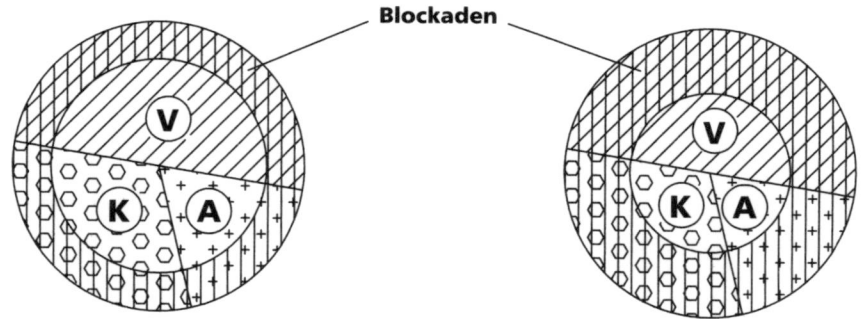

Die Erklärung dafür ist nahe liegend:

> **!** Wer in seiner bisherigen Lern- und Schullaufbahn Glück gehabt und nur wenig Lernblockaden entwickelt hat, ist wahrscheinlich erfolgreicher in der Schule als jemand, der aufgrund negativer Lernerfahrungen zu weiten Teilen seiner Fähigkeiten keinen Zugang hat bzw. nur einen relativ kleinen Teil seiner Fähigkeiten nutzt – auch wenn beide dem gleichen Lerntyp entsprechen.

Einige Fallbeispiele können Ihnen vielleicht helfen, die Testergebnisse noch besser zu verstehen:

1. *Manfred, 16 Jahre alt,* Lackierer-Azubi, Lerntyp K-A-V (K:42/A:29/V:28), zurzeit: 10. Klasse Berufsschule, Schullaufbahn: 9 Jahre Sonderschule

Punktezahl	Erscheinungsbild
Ve: 10 Punkte	Liest ungern und schlecht, ist sehr unsicher in Rechtschreibung und Ausdruck.
Vk: 18 Punkte	Verfügt über rechnerische Grundfertigkeiten und begreift neue mathematische Themen relativ schnell, hat Schwierigkeiten in Fachtheorie und Sozialkunde, weil er oft keine Vorstellung von den Inhalten hat.

Ae: 20 Punkte	Hört dem Lehrer zu und kann genau wiedergeben, was dieser gesagt hat, braucht beim Lernen viele Wiederholungen.
Ak: 9 Punkte	Spricht leise und wenig, bevorzugt reines Auswendiglernen.
K gesamt: 42 Punkte	Lernt gerne mit Hilfe von Karteikarten, die er in die Hand nehmen kann; sucht, wenn möglich, Praxisbezug, ist handwerklich zuverlässig und geschickt.

2. *Frank, 16 Jahre alt*, Lerntyp V-K-A (V:48/K:32/A:19), zurzeit: 9. Klasse Gymnasium (wiederholt die Klasse)

Punktezahl	*Erscheinungsbild*
Ve: 23 Punkte	Liest viel und konzentriert, gute Rechtschreibung, übersichtliche Heftgestaltung.
Vk: 25 Punkte	Lernt leicht und ökonomisch, findet auch in Mathe schnell die Lösungswege.
Ae: 9 Punkte	Bevorzugt selbständiges Lernen über Texte, wird bei Erklärungen schnell ungeduldig.
Ak: 10 Punkte	Liest und spricht ungern laut, lernt Sprachen über Grammatikregeln, nicht über Kommunikation (ist in Latein besser als in Englisch).
K: 32 Punkte	Ist sportlich, muss sich wohl fühlen um lernen zu können. (Hat im letzten Jahr die Klasse nicht bestanden, weil er wegen der Trennung seiner Eltern keine Lust zum Lernen hatte.)

3. *Kristin, 11 Jahre alt,* Lerntyp: A-V-K (A:47 /V: 27/ K:25),
   zurzeit: 5. Klasse Gymnasium

Punktezahl	Erscheinungsbild
Ve: 17 Punkte	Liest und schreibt gern, ist sicher in der Rechtschreibung.
Vk: 10 Punkte	Hat große Schwierigkeiten in Mathematik, versucht sich Lösungswege schematisch zu merken.
Ae: 20 Punkte	Hat ein gutes Gedächtnis, lernt leicht auswendig.
Ak: 27 Punkte	Ist sehr musikalisch, singt und spielt sehr gut Klavier, hat gute Noten in Englisch.
K gesamt: 25 Punkte	Verfügt über sehr gute Körperbeherrschung (Leistungsturnen), rechnet lieber schriftlich als im Kopf.

Wir sehen also, dass der Test relativ sichere Rückschlüsse auf das Lernverhalten des jeweiligen Schülers ermöglicht. Dennoch sollten wir auch die anderen Methoden zur Lerntypbestimmung nutzen und den Menschen, mit dem wir arbeiten und den wir unterstützen wollen, immer wieder von neuem genau anschauen. In der konkreten Lernsituation wird er selbst uns die wichtigsten Hinweise auf seine Lernstrategien geben.

> **Jeder Schüler lernt anders und braucht daher andere Unterstützung. Es gibt aber Strategien und Methoden, die für sehr viele Schüler geeignet und Erfolg versprechend sind. Diese möchte ich Ihnen im zweiten Teil dieses Buches vorstellen.**

Vorher ist es jedoch nötig, noch ein weiteres wichtiges Unterscheidungsmerkmal der verschiedenen Lerntypen zu erkennen. Erst dann können wir genau sagen, welche Methode für welchen Schüler wirklich geeignet ist.

Zusammenfassung Kapitel 3

- Es gibt verschiedene Methoden, den Lerntyp eines Menschen festzustellen.

- Sinnesspezifische Wörter und Ausdrücke, typische Verhaltensmuster und die Bewegungen der Augen beim Nachdenken können Aufschluss darüber geben, welchen Sinn er bevorzugt einsetzt.

- Als zusätzliche Möglichkeit kann der Lerntyptest „Welche Wahrnehmungssinne bevorzuge ich?" für Schüler etwa ab dem 3. Schuljahr eingesetzt werden. Es handelt sich dabei um einen aussagekräftigen und völlig stressfreien Test, dem die Vorannahme zugrunde liegt, dass Lernen lediglich als Spezialfall der allgemein bevorzugten Wahrnehmungs- und Verarbeitungsstrategien zu betrachten sei.

- Er gibt u. a. auch Auskunft darüber, ob die visuellen Fähigkeiten eines Schülers eher rezeptiv (Ve → positive Wirkung auf die Rechtschreibung) oder konstruktiv (Vk → positive Wirkung auf mathematisch-logisches Denken) sind.

- Der Test kann aber nichts über die quantitative Ausnutzung des gesamten Gehirnpotenzials aussagen.

4. Das Modell der Gehirnhemisphären

4.1 Die unterschiedlichen Fähigkeiten der Gehirnhälften

Zur Veranschaulichung der ungefähren Größe und Struktur des menschlichen Gehirns stellen Sie sich bitte eine geschälte Walnuss in der Größe Ihrer beiden aneinander gelegten Fäuste (Daumen nach oben) vor. Unser Gehirn hat eine ganz ähnliche Größe und Form. Es besteht ebenfalls aus zwei Hälften, die miteinander verbunden sind. Diese beiden Hälften haben aber jeweils gänzlich unterschiedliche Funktionen und Aufgaben.

So steuert die linke Gehirnhälfte, auch linke Hemisphäre genannt, die Bewegungen der rechten Körperseite und umgekehrt. Weiterhin haben Untersuchungen interessante Hinweise darauf ergeben, dass beide Hemisphären auch die Art und Weise der Wahrnehmung, des Denkens und des Lernens sehr unterschiedlich zu beeinflussen scheinen. Diese Beobachtungen und Untersuchungsergebnisse lassen sich im so genannten Gehirnhemisphären-Modell vereinfacht zusammenfassen:

> **Die linke Gehirnhälfte ist für das sprachliche, analytische und logische Denken verantwortlich. Sie besitzt die Fähigkeit zur Abstraktion und liebt Regeln und mathematische Formeln. Sie fragt nach Einzelheiten, nach der Uhrzeit und nach Gründen, denn sie möchte alles ganz genau wissen.**
>
> **Die rechte Gehirnhälfte dagegen kennt keine verbale Sprache, sie „denkt" in Bildern und Gefühlen. Sie braucht keine genauen Ergebnisse, ihr genügen Schätzwerte, die sie auf Grund ihrer ausgeprägten Intuition erhält. Sie hat Sinn für Musik, Kunst und Bewegung, ist kreativ-chaotisch, liebt Farben, Geschichten und spielerisches Lernen.**

Beide Gehirnhälften haben also sehr unterschiedliche Arbeitsweisen und beide bergen ein ungeheures Potenzial an Fähigkeiten, die uns beim Lernen unterstützen können. Voraussetzung dafür ist allerdings, dass beide Seiten optimal zusammenarbeiten. Das wiederum ist nur möglich, wenn der Verbindungssteg zwischen den beiden Hemisphären offen und durchlässig ist, so dass zu jeder Zeit beliebig viele Impulse hin und her geschickt werden können.

Die Entwicklung der beiden Hemisphären erfolgt allerdings zeitlich nicht parallel. Je jünger ein Kind ist, desto stärker ist es *rechtshemisphärisch* orientiert: Es spielt,

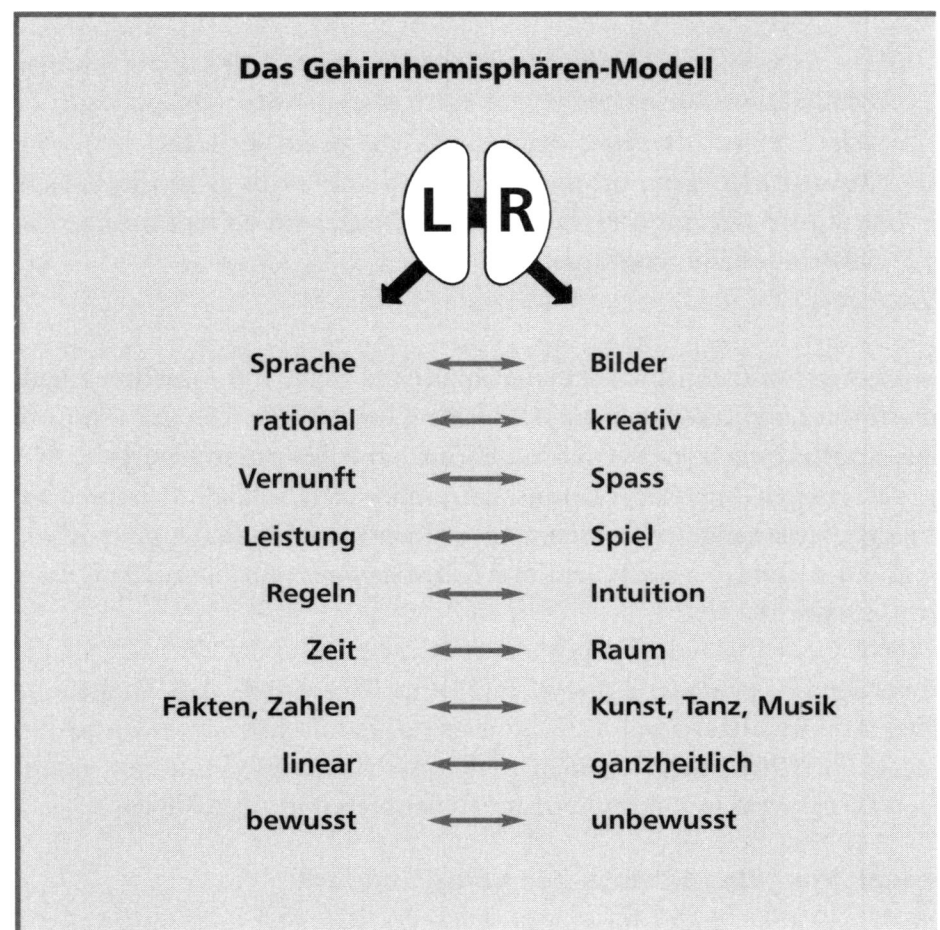

träumt, reagiert unbewusst, es lebt im Augenblick und es unterscheidet nicht klar zwischen Phantasie und Realität.

Mit der Zeit werden vom Kind immer mehr *linkshemisphärische* Fähigkeiten verlangt: Es soll sich an Vereinbarungen halten, pünktlich sein und sich „vernünftig" verhalten. Spätestens mit dem Schuleintritt wird das Kind mit weiteren linkshemisphärischen Forderungen konfrontiert: Es soll lesen, rechnen, stillsitzen, ruhig sein, zuhören sowie Leistungsbewusstsein und Ehrgeiz entwickeln.

Dagegen ist kaum eine seiner kreativen und phantasievollen Fähigkeiten mehr gefragt. Selbst Fächer wie Kunst, Musik oder Sport, die vor allem Freude am Tun, am Singen und an der Bewegung bereiten sollten, werden an leistungsorientierten Standards gemessen und mit Noten bewertet.

> **!** Die Schule misst Erfolg im Wesentlichen mit linkshemisphärischen Maßstäben. Für ein Kind, das noch stark rechtshemisphärisch orientiert ist und demzufolge vielleicht langsam arbeitet, sich schlecht ausdrücken kann, oft nicht gleich versteht, was es tun soll, leicht ins Träumen kommt und sich ablenken lässt, sind daher schlechte Schulleistungen vorprogrammiert.

Der Anteil der linkshemisphärischen Fähigkeiten steigt mit zunehmendem Alter, doch meist werden die Weichen für Schulerfolg bereits sehr früh gestellt. Außerdem kristallisiert sich ähnlich wie bei den Sinnen auch hier bei jedem Menschen in der Regel eine *bevorzugte Gehirnhälfte* heraus. Extrembeispiele sind auf der einen Seite der disziplinierte, zielstrebige Wissenschaftler, der nur für seine analytische Arbeit lebt – auf der anderen Seite der hochtalentierte Künstler, dem seine launischen Eskapaden nachsichtig verziehen werden.

Wirkliche Genialität jedoch kann nur auf der Nutzung der Talente *beider* Hemisphären beruhen. Von Albert Einstein stammt der Ausspruch, dass Vorstellungskraft oder Phantasie wichtiger seien als Faktenwissen. Zumindest ist sie der Schlüssel für Kreativität, Fortschritt und Visionen und unser Schulwesen täte gut daran, diese wichtigen Fähigkeiten in Zukunft ernster zu nehmen und zu würdigen.

4.2 Geschichte: „Das Schloss der Königskinder"

Wenn Sie Lust haben, das Gehirnhemisphären-Modell jetzt noch einmal auf rechtshemisphärische Weise zu betrachten, lade ich Sie ein die folgende Geschichte von den beiden Königskindern zu lesen.

Danach folgen Beobachtungskriterien, die Ihnen helfen können, die bevorzugte Hemisphäre Ihres Kindes zu erkennen. Natürlich gibt es dann auch wieder die Möglichkeit die bevorzugte Gehirnhälfte durch einen Test zu bestimmen.

Das Schloss der Königskinder
Es waren einmal zwei Königskinder, die wohnten in einem wunderschönen Schloss. Es gab dort riesige Räume, alle waren warm, bunt und offen. An den Wänden hingen viele schöne Bilder und die Kinder durften überall hingehen und nach Herzenslust malen, spielen, singen, tanzen und wieder spielen.

Oft bekamen sie Besuch von anderen Kindern. Dann freuten sie sich, denn gemeinsam konnten sie doch viel besser Verstecken oder Fangen spielen. Wenn sie dann erschöpft waren und ausruhen wollten, erzählte ihnen die Königinmutter wundersame Märchen und Geschichten, die sie sich in den hellsten Farben ausmalten.

Alle Kinder kamen gern und sie hatten eine gute Zeit miteinander.

Die beiden Königskinder waren immer so in ihr Spiel vertieft, dass sie zuerst gar nicht merkten, wie die Besuche der anderen Kinder immer seltener wurden. Aber schließlich fiel es ihnen doch auf und sie fragten die Mutter nach dem Grund. Diese schien sich sehr über die Frage zu freuen.

„Wollt ihr es wirklich wissen?", fragte sie die Kinder.

Die beiden nickten heftig.

„Also gut, es scheint, dass die Zeit gekommen ist, euch das Geheimnis zu verraten. Ihr seid jetzt alt genug um auch die andere Hälfte des Schlosses kennen zu lernen. Dort werdet ihr die anderen Kinder wiedertreffen."

„Was, es gibt noch eine Schlosshälfte, die wir nicht kennen? Was kann man denn dort spielen?", wunderten sich die Kinder.

Die Mutter lächelte und winkte ihnen ihr zu folgen. Sie durchschritten eine große, zweiflügelige Tür, die die Kinder bisher noch gar nicht bemerkt hatten. Auf der anderen Seite blieben die beiden verblüfft stehen und sahen sich um.

Hier sah es ganz anders aus als auf ihrer gewohnten Seite. Die Räume waren viel kleiner, an den Wänden hingen viele Schilder mit merkwürdigen Zeichen, die die Kinder nicht verstehen konnten, und eine Unmenge von Kalendern und Uhren zeigt die Zeit an.

Langsam führte die Mutter sie durch die einzelnen Räume und zeigte ihnen hohe Regale, die voll mit Büchern waren. An großen Tischen saßen Leute und schrieben ohne aufzublicken. Andere saßen vor Computern und alle waren sehr ernst und beschäftigt. Auch die anderen Kinder waren unter ihnen.

„Hier seid ihr also! Aber sagt, ist es bei uns drüben nicht viel schöner als hier?", fragten die Königskinder.

„Ja, schon", antworteten die Kinder, „aber hier können wir wichtige Dinge lernen, die wir brauchen um erwachsen zu werden. Schaut: Immer, wenn wir in einem Raum alle Aufgaben erledigt und gut gemacht haben, dürfen wir in den nächsten Raum gehen. Aber entschuldigt, wir haben jetzt gar keine Zeit für euch."

Und mit einem kurzen Blick auf eine der vielen Uhren gingen sie wieder an ihre Arbeit.

„Wie viele Zimmer gibt es denn hier?", wollten die Königskinder von ihrer Mutter wissen.

„Es gibt unendlich viele und jeder Raum birgt einen ganz besonderen Schatz an

Wissen. Und ihr beide", fügte sie mit einem stolzen Lächeln hinzu, „dürft von jetzt an auch an diesem Wissensschatz teilhaben, wenn ihr es wollt."

Die Kinder sahen gar nicht begeistert aus. Leise tuschelten sie miteinander und verkündeten schließlich ihren Entschluss:

„Wir wollen doch lieber in unserer alten Hälfte bleiben!"

„Gut", sagte die Mutter, „dann lasst uns zurückgehen."

Die Königskinder waren froh, als sie wieder in ihren vertrauten Räumen waren. Sie begannen sofort ein neues Spiel, aber irgendwie gefiel es ihnen diesmal nicht so recht. Beide waren mit ihren Gedanken noch bei all dem, was sie drüben gesehen hatten. Eigentlich wollten sie ja schon gern erwachsen werden. Und auf diesen Wissensschatz waren sie auch neugierig geworden.

Wieder wandten sie sich an die Königinmutter und fragten sie um Rat: „Wir möchten ja lernen und mehr wissen, aber warum können wir das nicht auch hier bei uns tun?"

„Was seid ihr doch für kluge Kinder!", schmunzelte die Königin. „Natürlich könnt ihr hier auch lernen. Hier ist das Reich der Bilder, der Fantasie, der Geschichten, der Spiele, der Gefühle, der Zeitlosigkeit. Alle Erwachsenen, die unser Reich vergessen haben und nicht mehr hierher zurückkommen, werden drüben auch nicht recht glücklich.

Aber umgekehrt ist es genauso: Wer sich drüben nicht umschaut, der kommt sich bald dumm vor, weil er nicht lesen, schreiben und rechnen kann wie die anderen Menschen.

Deshalb mache ich euch jetzt einen Vorschlag: Wir lassen ab jetzt die große Flügeltür einfach offen. Dann könnt ihr jederzeit hinübergehen und Buchstaben und Zahlen und alles andere lernen, was ihr wollt. Aber ihr könnt auch hierher zurückkommen und ich werde immer für euch da sein."

Dieser Vorschlag gefiel den Königskindern sehr. Sie rannten gleich durch die große Flügeltür, immer hin und her um auszuprobieren, wie es war, in beiden Schlosshälften zu Hause zu sein.

Bald fiel auch den anderen Kindern auf, dass die Tür offen stand, und es kamen sogar ein paar Erwachsene neugierig herbei. Sie konnten es zuerst nicht glauben, aber von jetzt an konnten sie sich überall treffen: hier zum Spielen, dort zum Schreiben, hier zum Malen, dort zum Lesen, hier zum Träumen, dort zum Rechnen, hier zum Entspannen, dort zum Arbeiten ...

Und so hatten alle teil an dem großen Schatz des Wissens. Und sie lernten nicht nur leichter und besser als vorher, nein, sie hatten endlich auch Spaß und Freude dabei.

4.3 Beobachtungsmerkmale und Test

Mit Hilfe der folgenden Tabelle können Sie herausfinden, welche Gehirnhemisphäre Ihr Kind bevorzugt. Beobachten Sie es genau und kreuzen Sie an:

Hinweise auf linkshemisphärische Eigenschaften:	
Das Kind liest gern	
… hat leicht die Uhrzeit gelernt	
… fragt nach Gründen	
… interessiert sich für Einzelheiten	
… verlangt klare Anweisungen	
… hält sich an Absprachen	
… ist ehrgeizig	
… kommt in der Schule gut mit	
Gesamtzahl der zutreffenden Aussagen:	

Hinweise auf rechtshemisphärische Eigenschaften:	
Das Kind hat Fantasie	
… liebt Geschichten	
… ist oft im Spiel vertieft	
… liebt Musik, aber keine Noten	
… lässt sich nicht hetzen	
… versucht Lösungen zu erraten	
… vergisst die Zeit	
… trödelt gern herum	
Gesamtzahl der zutreffenden Aussagen:	

Bitte bedenken Sie, dass Sie anhand dieser Tabellen keine wissenschaftlich genaue Aussage über die Hemisphärenpräferenz Ihres Kindes erhalten. Viele Eigenschaften treten auch situationsabhängig unterschiedlich auf.

Dennoch lässt sich wahrscheinlich eine gewisse Tendenz feststellen, die vielleicht ein paar problematische Verhaltensweisen in einem anderen Licht erscheinen lässt.

Auch der nachfolgende Hemisphärentest zeichnet lediglich ein ungefähres Bild der anteiligen Zusammenarbeit der beiden Gehirnhälften. Für Schüler ist es wichtig zu betonen, dass es keine „guten" oder „schlechten" Testergebnisse gibt.

Es geht vielmehr darum, sich selbst ein bisschen besser kennen zu lernen und die eigenen Fähigkeiten und Möglichkeiten zu erkennen und zu würdigen. Außerdem kann jeder die Chance nutzen, an den von ihm vernachlässigten Eigenschaften zu arbeiten und sie zu verbessern, wenn er es möchte.

Test: Bevorzuge ich die linke oder die rechte Gehirnhälfte?

Bitte kreuze an, welche der folgenden Aussagen für dich zutreffen:

	Trifft auf mich meistens zu. (L)	Trifft auf mich eher nicht zu. (R)
Ich lese gerne Sachbücher.		
Ich achte darauf, Regeln einzuhalten.		
Lernen fällt mir ziemlich leicht.		
Spielen finde ich etwas kindisch.		
Ich rechne ganz gern und gut.		
Ich kann mich auf meinen Verstand verlassen.		
Ich bin meistens pünktlich.		
Ich achte auf Ordnung in meinem Zimmer.		
Hausaufgaben erledige ich möglichst schnell.		
Auch bei einem Streit reagiere ich vernünftig.		
Ich kann gut logisch denken.		
Ich zeige meine Gefühle nicht gern.		
Mit Märchen kann ich nichts anfangen.		
Ich verstehe oft nicht, was in anderen Menschen vorgeht.		
Ich bin ehrgeizig.		
Fächer wie Kunst oder Musik finde ich eigentlich überflüssig.		
Ich kann mich sprachlich gut ausdrücken.		
Ich finde Grammatikregeln ganz sinnvoll.		
Ich gehe den Dingen gern auf den Grund.		
Ich liebe Technik und/oder Computer.		
Punkte:	L:	R:

Kurzauswertung

Nachdem du die 20 Testfragen für dich beantwortet hast, kannst du hier erfahren, was dein Ergebnis bedeutet.

Erster Fall: Deine Punkte sind ziemlich gleichmäßig verteilt.
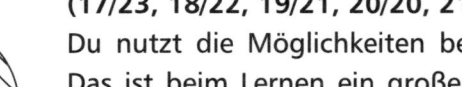
(17/23, 18/22, 19/21, 20/20, 21/19, 22/18, 23/17)

Du nutzt die Möglichkeiten beider Gehirnhälften gleichermaßen. Das ist beim Lernen ein großer Vorteil, denn du verfügst sowohl über logisch-analytische als auch über kreative Fähigkeiten.

Wenn du alle deine Talente einsetzt, kannst du viele Ziele erfolgreich verwirklichen.

Zweiter Fall: Du hast deutlich mehr Punkte bei L (mindestens 24). Du bevorzugst die linke Gehirnhälfte. (L)

Du hast gute Chancen in unserem Schulsystem erfolgreich zu sein. Deine Fähigkeiten abstrakt und logisch zu denken, Regeln zu beachten, Zeit zu planen und dich sprachlich gut auszudrücken sind entscheidende Voraussetzungen dafür.

Wie wäre es, wenn du auch die Möglichkeiten deiner rechten Gehirnhälfte stärker nutzen würdest? Ohne Kreativität, Intuition und Fantasie ist wirkliche Genialität nicht erreichbar.

Dritter Fall: Du hast deutlich mehr Punkte bei R (mindestens 24). Du bevorzugst die rechte Gehirnhälfte.

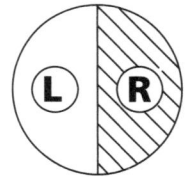
Du verfügst über ein hohes Maß an kreativen Fähigkeiten. Das ermöglicht dir intuitiv Lösungen auf ungewöhnlichen Wegen zu finden.

Möglicherweise hast du auch besonderes Talent im darstellenden, künstlerischen oder musischen Bereich.

Andererseits hast du vermutlich in der Schule weniger Erfolg und Freude am Lernen, als es dir eigentlich möglich wäre. Das liegt daran, dass die Schule deine Art des Denkens zu wenig würdigt.

Dennoch solltest du auf deine Qualitäten stolz sein und dir dein Selbstvertrauen auch in Bezug auf das Lernen bewahren.

Je älter du wirst, desto leichter wird es dir fallen, auch die Möglichkeiten der linken Gehirnhälfte noch weiter zu entwickeln und zu nutzen. Dann steht dir ein wirklich starkes Team zur Verfügung, mit dem du deine persönlichen Ziele verwirklichen kannst.

4.4 Testauswertung und Fallbeispiele

Jeder Mensch vereinigt rechts- und linkshemisphärische Eigenschaften und Fähigkeiten. Bei manchen stehen beide in einem relativ ausgewogenen Verhältnis, andere bevorzugen deutlich eine der beiden Hemisphären. Durch den Hemisphärentest lassen sich ähnlich wie beim Lerntyptest nur Tendenzen erkennen, da es immer von der jeweiligen konkreten Situation abhängt, auf welche Fähigkeiten ein Mensch zurückgreift.

Allgemein lässt sich jedoch feststellen, dass stark linkshemisphärisch orientierte Schüler in der Schule in der Regel erfolgreich sind. Sie können sich auch „trockenen" Stoff ohne größere Schwierigkeiten aneignen und brauchen meist keine besondere Unterstützung beim Lernen. Sie sind leistungsorientiert und in der Lage, sich den Anforderungen der Schule anzupassen.

Stark rechtshemisphärisch orientierte Schüler dagegen verfügen von sich aus nicht über das dafür erforderliche Leistungsbedürfnis. Wenn sie sich gute Noten wünschen, dann vor allem deshalb, weil ihre Eltern, Freunde oder Lehrer es so wichtig finden. Sie strengen sich an, weil ihnen ein gutes Verhältnis zu ihren Vertrauenspersonen sehr wichtig ist. Vor allem beim Lesen oder Rechnen liegen sie oft unter dem Klassendurchschnitt, weil sie aus den abstrakten Zeichen keine konkreten Vorstellungen ableiten können.

Oft verbringen sie daher viel Zeit mit Üben, das dann aber letztendlich doch nicht besonders erfolgreich ist. Sie sehen keinen wirklichen Sinn im Lernen und Leisten und sind infolgedessen oft unkonzentriert und nur halbherzig bei der Sache.

Das bedeutet aber nicht, dass sie nicht fähig wären, die Anforderungen der Schule zu erfüllen! Sie brauchen einfach einen anderen Zugang zum Stoff, mehr Zeit und mehr Raum um ihre Kreativität und Phantasie einzusetzen. Sie lieben es beispielsweise, den Zahlen und Buchstaben Namen und persönliche Züge zu geben, Geschichten um sie herum zu erfinden oder sich in Rollenspielen mit ihnen zu identifizieren.

Besondere Schwierigkeiten sich in unserem Schulsystem zu behaupten haben Kinder, die vorwiegend rechtshemisphärisch orientiert *und* kinästhetisch sind. Aber auch für sie gilt:

Rechtshemisphärische und kinästhetische Kinder sind nicht „dümmer" als die anderen, aber sie bekommen zu wenige Chancen, auf ihre eigene Art zu lernen.

Sie erleben zudem oft genug, dass ihre besonderen Fähigkeiten in der Schule nicht gewünscht und anerkannt werden. Das hat natürlich Auswirkungen auf ihr Selbstvertrauen und lässt sie im schlimmsten Fall zu unbeliebten Außenseitern werden.

Diese Kinder sind in ganz besonderem Maße auf das Verständnis und die Unterstützung der Eltern angewiesen. Sie müssen zum einen viel Gelegenheit bekommen, ihre Talente und ihr Selbstbewusstsein im außerschulischen, beispielsweise im musischen, sozialen oder sportlichen Bereich zu entwickeln. Zum anderen sind auch Kreativität und Geduld der Eltern gefordert, die die täglichen Hausaufgaben und Übungen ein wenig interessanter und spielerischer gestalten sollten. Das ist nicht immer möglich, aber Sie werden im nachfolgenden Praxisteil einige Anregungen dazu finden.

Ich möchte Ihnen zuvor noch zwei Fallbeispiele von stark rechtshemisphärisch orientierten Schülern vorstellen.

1. *Eva, 10 Jahre alt,* besucht die 3. Klasse der Grundschule.

    Sie musste das erste Schuljahr wegen schlechter Leistungen im Rechnen, im Lesen und Schreiben wiederholen. Die Lehrerin empfahl den Eltern, Eva in die Sonderschule zu geben. Die Mutter möchte Eva diesen Wechsel ersparen und nimmt sich viel Zeit mit ihr zu üben. Eva ist auch bereit viel Zeit zum Lernen aufzuwenden. Sie kommt wegen ihrer Schwierigkeiten beim Rechnen außerdem zweimal wöchentlich zur außerschulischen Lernbetreuung.

    Ihre Leistungen bessern sich tatsächlich. Es fällt aber auf, dass sie kein wirkliches Verständnis für Zahlen entwickelt und beim Lesen nicht immer den Sinn des Gelesenen wahrnimmt. Sie lernt, liest und rechnet also eher mechanisch und macht infolgedessen immer wieder Fehler.

    Wirklich bei der Sache ist sie aber sofort, wenn sie Gelegenheit bekommt ihr kreatives Potential zu nutzen:

    Sie verkleidet sich als Rechenkönigin, denkt sich magische Zaubersprüche aus, lässt eine Handpuppe für sich schreiben, nutzt das Angebot viel Papier zu „verschwenden" und dicke, farbige Stifte zu benutzen, wählt dabei sorgfältig ihre Lieblingsfarben aus, schlüpft bei Sachaufgaben in die Rolle der beteiligten Personen und ist dann durchaus in der Lage die Aufgaben relativ selbstständig zu lösen.

2. *Stefan, 15 Jahre alt,* wiederholt die 8. Klasse der Realschule.

    Er macht einen sympathischen Eindruck, liest viel, auch anspruchsvolle Literatur, und interessiert sich für Film und Theater. Mathematik liegt ihm weniger, er ärgert sich immer wieder über die „Unsinnigkeit" dieses Faches. Er will die Klasse nun im zweiten Anlauf schaffen, könnte auch in Mathematik ordentliche Noten erzielen. Es reicht ihm aber, gerade noch eine 4 zu bekommen. Warum sollte er sich in dem ungeliebten Fach mehr als unbedingt nötig anstrengen?

Die berufliche Zukunft ist ihm egal, er möchte nur die Schule hinter sich bringen und dann am liebsten durch die Welt reisen.

Immer wieder hat er Ärger mit den Lehrern, weil er sich nicht den üblichen Anforderungen anpassen will. Beispielsweise vergisst oder verliert er auffallend häufig seine Bücher und Unterlagen. Auch weigert er sich konsequent, im Sportunterricht beim Dauerlauf nach Zeit mitzumachen und nimmt dafür in Kauf, dass er zur Strafe jedes Mal nachsitzen muss.

Im Rahmen der außerschulischen Lernbetreuung zeigt er durchaus mathematisches Verständnis. Beispielsweise helfen ihm farbige Markierungen der negativen Rechen- und Vorzeichen die entsprechenden Regeln bei Gleichungen sicher anzuwenden. Aufgaben, die er interessant findet, wie zum Beispiel Knobelaufgaben, löst er ehrgeizig und mit logischen Denkvermögen.

Es gelingt jedoch in der zur Verfügung stehenden Zeit nicht seinen schulischen Ehrgeiz zu wecken. Er schafft das Schuljahr zwar, es wird ihm aber von der Schule nahe gelegt freiwillig auf eine Privatschule zu wechseln.

Die Regelschule ist mit solchen Schülern in der Tat sehr oft überfordert, denn in den großen Klassen und unter dem Stoff- und Prüfungsdruck, dem auch die Lehrer ausgesetzt sind, bleibt einfach zu wenig Zeit für gründlichere, ganzheitliche oder gar individuelle Lehrmethoden. Es bleibt also vorläufig im Wesentlichen der außerschulischen Lernbetreuung, das heißt vor allem den Eltern überlassen, die Schüler zu fördern, die in der Regelschule auf Grund ihres Lerntyps oder ihrer Hemisphärenbevorzugung nicht recht Fuß fassen können.

Zusammenfassung Kapitel 4

- Unser Gehirn besteht aus zwei miteinander verbundenen Hemisphären, die über völlig unterschiedliche Fähigkeiten und Eigenschaften verfügen.

- Während die linke Hemisphäre für das sprachliche, analytische und logische Denken zuständig ist, arbeitet die rechte mit Bildern, Intuition und Gefühlen.

- Die Kinder sind zunächst immer rechtshemisphärisch orientiert, aber spätestens mit dem Schuleintritt werden vor allem die linkshemisphärischen Eigenschaften gefordert.

- Daher sind Schüler, die für diese Entwicklung mehr Zeit brauchen oder überhaupt eher rechtshemisphärisch orientiert sind, in der Schule in der Regel benachteiligt.

5. Grundregeln der ganzheitlichen Lernbetreuung

5.1 Was bedeutet „ganzheitlich"?

Viele Eltern fragen sich, wie sie ihrem Kind am besten helfen können. Die ganzheitliche Lernbetreuung bietet dazu ein Fülle von Möglichkeiten, die ganz *unabhängig vom jeweiligen Stoff* sinnvoll und nützlich eingesetzt werden können.

Wie Sie in den vorhergehenden Kapiteln erfahren haben, gehört zunächst dazu, dass wir eine möglichst genaue Lerntypbestimmung des Schülers durchführen. Die Ursache für viele Lernschwierigkeiten liegt nämlich darin, dass nichteffiziente (auditive oder kinästhetische) Lernstrategien benutzt werden und/oder dass eine deutliche Bevorzugung der rechtshemisphärischen Eigenschaften und Fähigkeiten vorliegt. In der Folge entstehen Blockaden, die wiederum zu weiteren Misserfolgen führen.

> In der ganzheitlichen Lernbetreuung werden die Schüler mit Strategien bekannt gemacht, die alle Sinne, vor allem auch den visuellen Sinn berücksichtigen sowie beide Gehirnhemisphären ansprechen.

(Natürlich gehört auch die Hilfestellung beim Überwinden der Blockaden dazu, doch ist dies nicht Thema *dieses* Buches.)

Im auf Seite 77 beginnenden zweiten, praktischen Teil des Buches werden Sie daher ganzheitliche Strategien, Übungen und Methoden kennen lernen, die in meiner langjährigen Praxis der außerschulischen Lernbetreuung entwickelt und erprobt wurden. Vor allem zielen sie auf die Aktivierung des visuellen Systems ab, weil dieses für den Schulerfolg das wichtigste ist. Weiterhin werden Sie immer wieder Beispiele dafür finden, wie die Übungen auch rechtshemisphärisch eingesetzt werden können.

Vielleicht sind auch für Ihr Kind passende Übungen dabei. Wenn Sie es mit neuen Strategien vertraut machen wollen, sollten Sie aber unbedingt die folgenden Grundregeln der Lernunterstützung beachten!

5.2 Grundregeln der Lernunterstützung

Stellen Sie sich vor, ein Mensch trägt, seit er sich erinnern kann, Bleischuhe an den Füßen. Ihm selbst fällt gar nicht auf, dass sie viel schwerer sind als andere, weil er keine anderen Schuhe kennt und an die seinen gewöhnt ist. Er merkt nur, dass die anderen Menschen merkwürdigerweise immer schneller sind als er. So sehr er sich auch bemüht und trainiert – immer ist er einer der Letzten und versteht nicht, warum das so ist.

Eines Tages trifft er auf einen mitfühlenden Menschen, der sagt: „Du hast ja dumme Schuhe an! Damit kann man doch gar nicht schneller sein! Hier, schau her, wie toll meine sind! Die solltest du mal ausprobieren!"

Wie wird der so Angesprochene reagieren? Vielleicht wird er die neuen Schuhe dankbar ausprobieren.

Vielleicht wird er sich aber erst recht an seine altgewohnten Schuhe klammern – immerhin drücken diese ihn nicht und er kennt sich mit ihnen aus.

Die zweite Reaktion ist typisch für so genannte schlechte Schüler. Sie wehren sich häufig vehement gegen Neues und klammern sich an gewohnte Strategien, auch wenn sie oft genug erfahren mussten, dass diese nicht erfolgreich waren. Grund dafür ist ihre große Unsicherheit, in der sie sich aber mit Hilfe dieser eigenen Methoden ein Stück Sicherheit verschafft haben. Dieses Stückchen Sicherheit, so gering und konfus es auch sein mag, geben sie nicht ohne weiteres her.

Wir müssen daher mit Widerständen rechnen und viel Geduld aufwenden, wenn wir Schüler mit neuen Strategien und Methoden vertraut machen wollen.

Auf keinen Fall dürfen wir ihre bisherigen Methoden abwerten. Im Gegenteil: Wir müssen ihnen die Gelegenheit geben, selber den Entschluss zu fassen, dass es Zeit ist etwas Neues auszuprobieren.

Daher achten wir darauf, *möglichst alle Sinne* zu berücksichtigen, vor allem solange wir selbst nicht sicher sind, welche Methoden für den entsprechenden Schüler wirklich geeignet sind. Wir bieten verschiedene Möglichkeiten an und merken an seiner Reaktion, was ihm und seiner gewohnten Art zu lernen, also seinem Lerntyp, entgegenkommt.

Darauf aufbauend differenzieren wir unser Angebot behutsam der individuellen Situation entsprechend. Wir achten darauf, für jeden neuen Schritt immer wieder sein Einverständnis zu erfragen. In diesem Sinne können wir folgende Grundregeln der Lernunterstützung zusammenfassen:

1. **Wenn wir einem Schüler beim Lernen helfen wollen, achten wir grundsätzlich auf möglichst ganzheitliche Unterstützung, das heißt wir bieten den Stoff für alle Sinne und für beide Hemisphären an.**

Da aber jeder Mensch beim Lernen einen bestimmten Wahrnehmungssinn sowie eine der beiden Gehirnhemisphären bevorzugt, nutzen wir darüber hinaus folgende Möglichkeiten:

2. **Wir bestimmen seine Rangfolge der Wahrnehmungs- und Verarbeitungssinne.**

3. **Wir bestimmen seine bevorzugte Gehirnhemisphäre.**

4. **Wir würdigen und unterstützen seine bisherigen individuellen Lernmethoden und erfragen seine Bereitschaft, neue kennen zu lernen.**

5. **Wir machen Schüler, die ihr visuelles System zu wenig nutzen, mit erfolgreicheren Lernstrategien bekannt und fördern durch geeignete Übungen ihre Fähigkeit zu visualisieren.**

6. **Wir bieten dabei vor allem den rechtshemisphärischen Schülern Gelegenheit, sich mit den neuen Methoden und Übungen durch Hilfsmittel wie Geschichten, Spiele, Farben, Puppen, Malsachen usw. vertraut zu machen.**

Besonders wichtig für eine erfolgreiche Unterstützung ist aber noch die folgende Regel:

7. **Wir respektieren es, wenn ein Schüler eine neue Methode ablehnt, und wir suchen nach anderen Wegen ihn zu unterstützen.**

Darüber hinaus halten wir uns an die bekannten Grundprinzipien des Lehrens und Lernens und bieten den Stoff in kleinen Schritten an:
- vom Einfachen zum Schwierigen
- vom Bekannten zum Neuen
- vom Konkreten zum Abstrakten

Scheuen Sie sich nicht, mit wirklich *einfachen Beispielen und Aufgaben* zu beginnen. Oft sind es gerade die scheinbar banalsten Grundlagen, die der Schüler nicht beherrscht. Außerdem sollten wir ihm durchaus auch einmal die Freude gönnen, etwas simpel und einfach zu finden.

Probieren Sie aus, was für Ihr Kind oder Ihren Schüler geeignet und hilfreich ist!

Zusammenfassung Kapitel 5

- Ganzheitliche Lernunterstützung berücksichtigt alle Sinne und beide Hemisphären.

- Dabei muss unbedingt auf die Einhaltung der sieben Grundregeln geachtet werden.

Teil II: Die Praxis

6. Der Schlüssel zum sicheren Rechtschreiben

6.1 Die Rechtschreibpraxis in der Grundschule

Die sichere Beherrschung der deutschen Rechtschreibung ist eine wichtige Schlüsselqualifikation für den beruflichen Erfolg. Daher wird in der Grund- und Hauptschule viel Wert auf das Üben und Festigen des Wortschatzes gelegt. Die Schüler beschäftigen sich entsprechend lange Zeit mit Rechtschreibregeln, Nachschriften (= vorher bekannten und geübten Diktaten) und Diktaten.

Dennoch fällt auf, dass für eine Reihe von Schülern das Üben anscheinend nicht sehr viel nützt. Genau genommen lassen sich drei Kategorien von Schülern unterscheiden:
1. diejenigen, die auch ohne viel Üben sicher in der Rechtschreibung sind;
2. diejenigen, die mit viel Üben zumindest die nächste Nachschrift einigermaßen fehlerlos bewältigen;
3. diejenigen, bei denen auch regelmäßiges Üben die Anzahl der Fehler kaum reduziert.

Um diesem Phänomen auf die Spur zu kommen, lassen Sie uns anschauen, wie das Einüben der Rechtschreibung in der gängigen Schulpraxis aussieht. Eine wohlmeinende Grundschullehrerin beispielsweise hat das nachfolgende Aufgabenblatt an ihre Klasse verteilt. Vielleicht stimmen Sie mit mir darin überein, dass die vorgeschlagenen Übungen nicht sehr anregend sind. Die Anzahl der Aufgaben wirkt geradezu erschlagend und es ist zu vermuten, dass sie eher mechanisch, das heißt ohne aktives Mitdenken und genaues Hinschauen erledigt werden. (Vgl. S. 80)Auch wenn die Aufgaben natürlich in Wirklichkeit auf einen längeren Zeitraum verteilt, auch wenn die zugehörigen Arbeitsblätter mit Bildern und didaktischen Mitteln (wie etwa kleinen Kreuzworträtseln) attraktiver gestaltet werden, bleibt doch eine Tatsache bestehen:

Das Üben nimmt gemessen an seiner Effizienz unverhältnismäßig viel Zeit in Anspruch.

Aufgabenblatt

So kannst du für Nachschriften üben:

1. Die Geschichte langsam lesen und die Lernwörter deutlich sprechen.
2. Die Lernwörter abschreiben.
3. Die Lernwörter aufbauen:
   K   Kä   Käf   Käfi   Käfig
4. Zu den Lernwörtern das Wortkästchen zeichnen:
   Käfig ⌐⎯⌐
5. Neben die Lernwörter eine Geheimschrift schreiben:
   Käfig / ı / ı /
6. Die Lernwörter nach der Anzahl der Buchstaben ordnen.
7. Die Lernwörter nach dem Alphabet ordnen.
8. Die Lernwörter nach der Anzahl der Silben ordnen.
9. Die Lernwörter trennen, wenn es geht:
   Kä - fig
10. Die zehn für dich schwierigsten Wörter abschreiben.
11. Alle Namenwörter abschreiben und den Begleiter davorsetzen.
12. Die Namenwörter in Einzahl und Mehrzahl mit Begleiter aufschreiben.
13. Alle Tunwörter (Zeitwörter) abschreiben.
14. Alle Wiewörter (Eigenschaftswörter) abschreiben.
15. Alle Wörter, die ein **b, B, p** oder **P** haben, abschreiben.
16. Alle Wörter, die ein **d, D, t** oder **T** haben, abschreiben.
17. Alle Wörter, die ein **g, G, k** oder **K** haben, abschreiben.
18. Alle Wörter, die ein **sp, Sp, st** oder **St** haben, abschreiben.
19. Alle Wörter, die ein **ie** haben, abschreiben.
20. Alle Wörter, die ein **ck** haben, abschreiben.
21. Alle Wörter, die einen Doppelmitlaut haben, abschreiben.
22. Alle Wörter, die ein **ß** haben, abschreiben.
23. Die ganze Nachschrift abschreiben.
24. Wort für Wort prüfen, ob du alles richtig abgeschrieben hast.
25. Die Lernwörter im Partnerdiktat üben.

Was aber könnte das Einüben der Rechtschreibung effizienter machen? Dazu wollen wir betrachten, welche *Strategie* erfolgreiche Rechtschreiber benutzen und was diese von der Strategie der nicht erfolgreichen Rechtschreiber unterscheidet.

6.2 Die Strategie erfolgreicher Rechtschreiber

Die Erkenntnisse über die Strategie des erfolgreichen Rechtschreibens sind vor allem dem Amerikaner Robert Dilts zu verdanken, der die Unterschiede zwischen den mentalen Strategien sicherer und unsicherer Rechtschreiber untersucht hat. Seine Untersuchungsergebnisse lassen sich sehr einfach zusammenfassen:

> **Unsichere Rechtschreiber benutzen überwiegend eine auditive Strategie, das heißt sie versuchen Wörter nach ihrem Klang zu buchstabieren und zu schreiben (A-Strategie).**
>
> **Erfolgreiche Rechtschreiber dagegen speichern die Wortbilder visuell und überprüfen sie kinästhetisch, das heißt sie „fühlen", ob ein Wortbild richtig ist (Ve-K-Strategie).**

Das ist eigentlich nichts Neues, denn auch die oben vorgeschlagenen Übungen sollen dem Schüler ja ermöglichen sich die Wortbilder einzuprägen. Warum aber bleibt der gewünschte Erfolg dennoch oft aus? Auch hierfür gibt es eine einfache Antwort:

> **Die Übungen auf den Arbeitsblättern beeinflussen und verändern nicht die mentale Strategie der Schüler!**

Die Schlüsselfrage, die wir uns stellen müssen, ist immer die gleiche, nämlich:
Wie lernt der Schüler?

Ein Schüler kann beispielsweise alle 25 Aufgaben des Blattes vorschriftsmäßig durchgeführt und trotzdem kein einziges Mal seinen visuellen Eingangskanal wirklich aktiv benutzt haben! Das ist tatsächlich möglich, denn er kann innerlich jedes Mal das entsprechende Wort mitgesprochen oder es einfach seinen Händen überlassen haben, die Wörter abzuschreiben, ohne wirklich hinzuschauen und vor allem ohne zu überprüfen, ob sich das Wort richtig „anfühlt". Ohne wirkliches Hinschauen und ohne gefühlsmäßige Überprüfung wird die Rechtschreibung immer unsicher und fehlerhaft sein, denn es gibt für die meisten Wörter sehr unterschiedliche Schreibweisen, wenn man sich nur am phonetischen Klang orientiert.

Sie können es selbst ausprobieren:

Übung

Finden Sie mindestens fünf mögliche Schreibweisen, die den Klang des Wortes „vielleicht" phonetisch korrekt wiedergeben!

1. _____

2. _____

3. _____

4. _____

5. _____

(Mögliche Lösungen zum Vergleich: vielleicht, fielleicht, viehleicht, vieleicht, vielleichd, fieleichd ...)

Wie können wir nun erreichen, dass ein Schüler sein visuelles System beim Rechtschreiben tatsächlich benutzt? Zunächst können wir dem Schüler beweisen, dass die auditive Methode für das Rechtschreiben nicht geeignet ist, indem wir ihn genau wie in der vorherigen Übung verschiedene lautgetreue Schreibweisen für einige Wörter finden lassen. Das wäre eine *linkshemisphärische Vorgehensweise*.

6.3 Die „Augen-und-Ohren-Geschichte"

Wenn wir zusätzlich die *rechte Hemisphäre* mit einbeziehen wollen, können wir auch eine kleine Geschichte erzählen. Als Vorlage können Sie die folgende „Augen-und-Ohren-Geschichte" benutzen.

Dabei ist es sehr wichtig, dass Ihr Kind oder Schüler sich mit der Hauptperson der Geschichte identifizieren kann. Das erreichen Sie, indem Sie Alter, Geschlecht und besondere Fähigkeiten des Kindes in die Geschichte mit einfließen lassen.

Lassen Sie sich davon überraschen, wie viel Spaß es machen kann, Geschichten – auch gemeinsam mit dem Kind – zu erfinden und zu erzählen!

Die Augen-und-Ohren-Geschichte

Die Menschen besitzen bekanntlich fünf Sinnesorgane: die Augen zum Sehen, die Ohren zum Hören, die Hände zum Fühlen, die Nase zum Riechen und den Mund zum Schmecken. Wusstest du, dass jeder Mensch einen von diesen Sinnen ganz besonders gern mag? Der eine liest gerne Bücher, der andere hört am liebsten schöne Musik, der dritte bastelt und werkelt den ganzen Tag herum und der vierte liebt es, gut zu essen.

Nun möchte ich dir von einem Jungen berichten, der ganz besonders musikalisch war. Er hatte so gute Ohren, dass er ganz feine Unterschiede zwischen Tönen heraushören und sich mit Leichtigkeit verschiedene Rhythmen, Klänge und Melodien merken konnte. Schon früh lernte er ein Instrument zu spielen und seine Ohren leisteten ihm gute Dienste dabei.

Weil seine Ohren so aufnahmefähig, benutzte sie der Junge natürlich auch beim Lernen in der Schule. Er hörte dem Lehrer immer gut zu und versuchte sich alles zu merken. Das klappte auch meistens sehr gut. Nur bei Diktaten und Nachschriften schien diese Lernmethode nicht sehr erfolgreich zu sein, denn er bekam seine Hefte immer mit vielen roten Zeichen und einer schlechten Note zurück. Dabei hatte er wirklich viel geübt. Aber langsam hatte er keine Lust mehr.

Eines Tages saß er wieder vor seinen Aufgaben, aber er konnte sich einfach nicht konzentrieren. Gerade hatte er wieder eine Fünf im Diktat bekommen und er war sehr traurig. „Was soll ich bloß tun?", dachte er verzweifelt.

Da schien ihm plötzlich, als ob er zwei Stimmen hörte, die sich leise unterhielten.

„Ich kann bald nicht mehr!", stöhnte die eine.

„Ich auch nicht!", jammerte die andere. „Ich brauch endlich mal Ferien! Ich geb' mir ja wirklich Mühe, aber ich kann mir einfach diese ganzen Unterschiede zwischen den Wörtern nicht merken."

„Genau! Alle Wörter klingen so verdammt ähnlich. Ich kann einfach nicht erkennen, ob ‚Banane' mit h oder ohne h geschrieben wird oder ‚Abend' mit d oder t am Ende."

„Oder ‚riesig' – schreibt sich das mit i oder ie in der Mitte und mit k oder ck oder g am Ende? Und am schlimmsten ist diese Groß- und Kleinschreiberei! Ich habe wirklich die Nase voll!"

Inzwischen hatte der Junge gemerkt, wer da so entrüstet sprach: Es waren seine Ohren. Erschrocken mischte er sich in das Gespräch ein und stotterte:

„Bitte entschuldigt! Ich habe euer Gespräch mitgehört. Ich wusste ja gar nicht, dass ihr so überlastet seid. Ich dachte immer, ihr seid meine Freunde und könnt mir bei allem helfen."

„Natürlich sind wir deine besten Freunde", beruhigten ihn die Ohren. „Aber für das Rechtschreiben sind wir wirklich nicht geeignet. Wir würden viel lieber Musik mit dir machen."

„Aber dann bin ich beim Schreiben ja ganz allein", wollte der Junge gerade sagen, als er plötzlich etwas ganz aufgeregt zappeln und winken sah: „Hallo, hallo! Wir sind doch auch noch da!"

Es waren seine Augen, die unbedingt auf sich aufmerksam machen wollten. Der Junge schüttelte ungläubig den Kopf: „Ihr? Wie wollt ihr Augen mir denn helfen?"

„Endlich erkennst du uns mal", freuten sich die Augen. „Die ganze Zeit sitzen wir schon in den Startlöchern, aber du hast uns noch nie beachtet. Dabei waren wir immer fleißig. Einen ganzen Schrank voller Wörter haben wir schon für dich gesammelt."

Jetzt wurde der Junge langsam neugierig.

„Wie habt ihr denn das gemacht?"

„Nun, ganz einfach. Wir haben von jedem Wort, das du gelesen hast, ein Bild gemacht. Ein Foto sozusagen. Diese Fotos haben wir für dich in einem Schrank aufgehoben. Du musst nur den Schrank aufschließen."

„Und wie finde ich den Schlüssel zu diesem Wunderschrank?", fragte der Junge.

„Das ist ganz leicht. Du musst nur Vertrauen zu uns haben, dann findest du den Schlüssel ganz von allein."

„Na gut", versprach der Junge, „dann wollen wir von nun an also zusammenarbeiten."

„Prima!", jubelten die Augen, „jetzt werden wir dir endlich mal zeigen, was wir alles können."

„Super!", freuten sich übrigens auch die Ohren, die dieses Gespräch gespannt verfolgt hatten. „Jetzt können wir endlich mal ausspannen!"

6.4 Der Rechtschreibschlüssel

Lassen Sie uns davon ausgehen, dass der Schüler, den wir mit der visuellen Rechtschreibstrategie vertraut machen wollen, durch die Geschichte oder durch unsere Überzeugungskraft neugierig auf diese neue Methode geworden ist und bereit ist sich darauf einzulassen. Dann können wir durch einige Fragen, die die visuelle Erinnerung aktivieren, überprüfen, ob unser Schüler in seinem Augenmuster mit dem von vielen Menschen bevorzugten übereinstimmt.

Fragen Sie also beispielsweise, wie in Kapitel 3.4 beschrieben, nach seinem täglichen Schulweg, nach der Anzahl der Fenster seines Hauses oder wie sein Zimmer eingerichtet ist und versuchen Sie die bevorzugte Blickrichtung nach Ve dabei festzustellen.

Sie wissen, dass die Augenbewegungen oft nur für sehr kurze Augenblicke zu erkennen sind. Sollte es Ihnen daher nicht gelingen, das entsprechende Augenmuster eindeutig zu identifizieren, begnügen Sie sich im Folgenden damit, beim Einüben des Rechtschreibschlüssels die Blickrichtung überhaupt *nach oben* zu lenken. Wenn die Augen durch diese Blickrichtung erst einmal aktiviert sind, wird sich der Schüler wahrscheinlich ganz automatisch die für ihn passende Seite auswählen.

Wenn Sie die bevorzugte Blickrichtung genau erkannt haben (sehr häufig gehen die Augen nach links oben), halten Sie die (im Folgenden beschriebenen) Wortkarten bitte immer in diese Richtung.

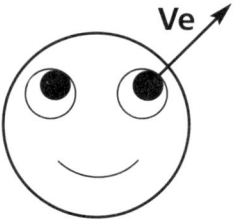

Der Rechtschreibschlüssel, den ich Ihnen hier vorstellen möchte, setzt sich aus zehn Schritten zusammen, die ich zunächst kurz beschreiben möchte. Daran anschließend finden Sie ein Arbeitsblatt für den Schüler, das ihn mit dieser Strategie vertraut machen soll.

Schließlich werden Sie noch einige Hinweise und Tipps für die praktische Durchführung und die entsprechenden Übungen bekommen.

Die 10 Schritte sind folgende:
1. **Schreiben Sie das zu lernende Wort in Druckbuchstaben auf eine Karte (ein der Länge nach gefaltetes DIN-A4-Blatt eignet sich gut) und halten Sie die Karte hoch in Blickrichtung Ve des Schülers.**
2. **Der Schüler prägt sich das Wortbild genau ein, indem er eine Art „inneres Foto" davon macht.**
3. **Er schließt die Augen und stellt sich das Wortbild vor seinen inneren Augen vor. (Er schaut immer noch nach oben!)**
4. **Er vergleicht sein inneres Bild mit der Wortkarte.**
5. **Er buchstabiert das Wort vorwärts und rückwärts.**
   Wenn er dabei noch nicht sicher ist, werden die Schritte 1 bis 5 wiederholt.
6. **Er schreibt das Wort auf.**
7. **Er liest es laut vor.**
8. **Er überprüft, ob sich das Wort richtig „anfühlt".**
   Wenn er nicht sicher ist, werden die Schritte 1 bis 8 wiederholt.
9. **Er vergleicht sein Wort mit der Karte.**
   Wenn es nicht richtig ist, werden die Schritte 1 bis 9 wiederholt.
10. **Er wird darauf hingewiesen, dass er das Wort nun für immer in seinem „Wörterschrank" gespeichert hat und es von dort jederzeit wieder abrufen kann.**

Damit sich der Schüler die Schritte leicht einprägen und sie selbstständig üben kann, bekommt er das nachfolgende Arbeitsblatt „Mein Rechtschreibschlüssel", in dessen freie Spalte er die ausgeschnittenen Symbole einkleben kann.

Er kann und soll es so lange benutzen, bis er die Strategie automatisch und entsprechend verkürzt anwenden kann – wie es gute Rechtschreiber tun.

Mein Rechtschreibschlüssel

#			
1		**Schau genau!**	*Wortkarte hochhalten*
2		**Klick!**	*Foto machen*
3		**Alles klar?**	*Augen schließen, Wortbild vorstellen*
4		**Sicher ist sicher!**	*Karte nochmal anschauen*
5		**Jetzt mal los!**	*ohne Karte buchstabieren (vor- und rückwärts)*
6		*Wort schreiben*	**Schreib mal wieder!**
7		*Laut lesen*	**Stimme dazu!**
8		*überprüfen*	**Super Gefühl?**
9		*jetzt mit der Karte vergleichen*	**Passt schon!**
10		*Wortbild sprechen*	**In den Schrank!**

Symbole zum Arbeitsblatt **Mein Rechtschreibschlüssel**

Mein Rechtschreibschlüssel

1	👧	**Schau genau!**	*Wortkarte hochhalten*
2	📷	**Klick!**	*Foto machen*
3	👧	**Alles klar?**	*Augen schließen, Wortbild vorstellen*
4	👧	**Sicher ist sicher!**	*Karte nochmal anschauen*
5	👧	**Jetzt mal los!**	*ohne Karte buchstabieren (vor- und rückwärts)*
6	✍	*Wort schreiben*	**Schreib mal wieder!**
7	👂	*Laut lesen*	**Stimme dazu!**
8	♥	*überprüfen*	**Super Gefühl?**
9	?	*jetzt mit der Karte vergleichen*	**Passt schon!**
10	🗄	*Wortbild sprechen*	**In den Schrank!**

6.5 Fragen und Antworten zur praktischen Durchführung

Ist diese Methode nicht sehr zeitaufwendig und kompliziert?

Das Erlernen neuer Fähigkeiten scheint auf den ersten Blick sehr häufig kompliziert zu sein. Jeder Führerscheinbesitzer wird sich noch an seine ersten Fahrversuche erinnern: schalten, bremsen, Gas geben, blinken, umschauen – manch einer ist dabei ganz schön ins Schwitzen gekommen. Aber schon nach ein paar Fahrstunden mussten wir über diese Tätigkeiten gar nicht mehr nachdenken.

Ähnlich ist es beim Erlernen der Rechtschreibstrategie. Bedenken Sie, dass sichere Rechtschreiber diese Strategie unbewusst und in Sekundenschnelle durchführen! Sie müssen höchstens noch bei neuen und schwierigen Wörtern die Blickrichtung Ve suchen um das Wort zu visualisieren. Sonst läuft der gesamte Prozess automatisch ab.

Wir müssen den Schüler also vor allem mit dem *Prozess* vertraut machen, der ihm eine sichere Rechtschreibung ermöglicht, und die zehn Schritte nur so lange exakt durchführen, bis er sich *automatisch* dieser Methode bedient.

Wie gehe ich vor, wenn ein Schüler das Rückwärts-Buchstabieren nicht schafft?

Es ist wichtig, anfangs sehr kurze Wörter auszuwählen oder längere Wörter in *kleine Einheiten* mit drei bis fünf Buchstaben aufzuteilen. Außerdem kann es hilfreich sein, das Wortbild so zu umrahmen, dass Besonderheiten wie hohe Buchstaben visuell auffallen, oder die einzelnen Buchstaben in verschiedenen Farben zu schreiben.

Auf jeden Fall ist der Schwierigkeitsgrad dem Schüler so anzupassen, dass er mit seinen Bemühungen *erfolgreich, aber nicht unterfordert* ist.

Im Einzelfall kann daher durchaus auf das Rückwärts-Buchstabieren verzichtet werden, bis der Schüler sich stärker mit dem Visualisierungsprozess vertraut gemacht hat.

Wird mit Schritt 7, dem Vorlesen, nicht wieder der unerwünschte auditive Anteil unterstützt?

Ja und nein! Es kann tatsächlich für sehr stark auditiv orientierte Schüler die Gefahr bestehen, dass sie sich beim Vorlesen wieder zu sehr auf den *Klang* des Wortes konzentrieren. Andererseits überlappen sich jetzt Klang und Bild, was vor allem den *ganzheitlichen Aspekt der Strategie* unterstützt.

Wenn beim lauten Vorlesen das Wortbild gleichzeitig visuell genau erfasst wird, haben wir nicht nur eine zusätzliche Kontrollinstanz, die das Schreiben schwieriger

Wörter erleichtern kann. Wir erreichen außerdem eine bessere und genauere *Lesefähigkeit,* die für das Lernen allgemein sehr wichtig ist und von vielen Schüler nur sehr schlecht beherrscht wird.

Entscheiden Sie am besten wieder selbst, ob es im Einzelfall besser ist auf das Vorlesen zu verzichten.

Was tue ich, wenn ein Schüler nach Rechtschreibregeln verlangt?

Das Einüben der Rechtschreibstrategie widerspricht nicht dem Beachten von Rechtschreibregeln. Es handelt sich zwar um zwei sehr unterschiedliche Vorgehensweisen, sie können einander in der Praxis aber durchaus ergänzen.

Der kinästhetische Anteil des Schülers hat oft das Bedürfnis sich an etwas „festzuhalten", daher wünscht er sich klare Regeln. Leider sind die deutschen Rechtschreibregeln auch nach der Reform oft genug nicht klar und eindeutig. Es ist auch unwahrscheinlich, dass ein Schüler während eines Diktates genug Zeit und Nerven hat sich an die entsprechenden Regeln zu erinnern. Daher könnte man eine Art Kompromiss finden und zumindest auf die Regeln, die die häufigsten Fehler betreffen, immer wieder in vereinfachter Form hinweisen.

Beispiel:

Alle Wörter werden kleingeschrieben.

Nur der Satzanfang und Namenwörter werden großgeschrieben.

Wenn ein Eigenschafts- oder Zeitwort sich einen Begleiter gesucht hat, ist es in den gleichen Rang wie die Namenwörter aufgestiegen und wird daher auch großgeschrieben.

Wie kann man das richtige Aussehen von Wörtern ins Gefühl bekommen?

Die einfachste Methode ist natürlich: viel lesen! Je mehr wir gelesen haben, desto mehr Wortbilder haben wir in unserem *persönlichen Wortbildspeicher* zu Verfügung.

Wenn wir nicht sicher sind, ob sich ein Wort richtig anfühlt, schreiben wir einfach alle anderen Möglichkeiten auf und entscheiden dann durch Vergleich und Erinnern an unsere gespeicherten Bilder, welches die richtige Schreibweise ist.

Vielleicht haben Sie es auch selbst schon erlebt, dass Ihre Hand von allein die richtige Schreibweise eines Wortes gefunden hat? Vor allem bei den häufig gebrauchten Wörtern schreibt die Hand wie von selbst, ohne dass ein Visualisieren des Wortes nötig ist.

Es ist tatsächlich ein Problem, dass gerade die unsicheren Rechtschreiber ungern und wenig lesen, und es gibt leider keine Patentlösung dafür. Manche Kinder nehmen das Angebot, gemeinsam mit einem Elternteil zu lesen, gern an. Sie fühlen sich weniger überfordert, wenn sie nur jeweils ein kleinen Teil selbst lesen und den anderen Teil den Eltern überlassen können, bis sie sich sicherer fühlen.

Älteren Kindern kann man zwar auch immer wieder interessante Bücher anbieten, aber viele weigern sich doch hartnäckig überhaupt nur hineinzuschauen. Sicher wäre eine drastische Reduzierung des Fernseh-, Video- und Computerspielkonsums eine wichtige Voraussetzung dafür, Bücher wieder attraktiver zu machen, aber das ist in der Praxis in der Regel höchstens für jüngere Kinder durchsetzbar.

Offenbar bergen die neuen Medien aber auch ungeahnte Chancen: Schüler, die sonst niemals freiwillig einen Brief geschrieben oder etwas gelesen hätten, berichten, dass sie neuerdings einen großen Teil ihrer Computerzeit damit verbringen, E-Mails zu empfangen und zu verschicken. Das ist doch auch schon ein Erfolg!

Was sollte noch beachtet werden?

Grundsätzlich ist es wichtig, das Einüben der Rechtschreibstrategie zu einem *angenehmen* Erlebnis zu machen.

Wir sollten daher vor dem Visualisieren von Wörtern zunächst andere Dinge oder Tätigkeiten visuell erinnern, die für den Schüler vertraut und mit einem guten Gefühl verbunden sind. Dazu kann man, bevor man mit dem Üben beginnt, das Bild eines schönen Ferienortes, eines geliebten Tieres, eines guten Freundes, des Sportplatzes (oder was immer wichtig für das Kind ist) in der Ve-Blickrichtung auftauchen lassen.

Auch beim Einüben selbst kann man den Prozess interessanter und angenehmer machen, indem die Wörter beispielsweise auf vorgestellten Luftballons, Plakatwänden oder Autos gesehen werden. Die Wörter selbst können hell oder dunkel, farbig oder schwarzweiß, groß oder klein, nah oder fern oder mit Verzierungen oder einem Duft versehen werden. Lassen Sie das Kind entscheiden, was ihm am besten gefällt.

Vor allem jüngere Kinder mit starkem kinästhetischen Anteil werden es vielleicht bevorzugen, wenn sie das Wort in die Luft schreiben dürfen um es dann besser zu „sehen".

Insgesamt sollte die Strategie oft, aber jeweils nur für *kurze* Zeit geübt werden und grundsätzlich mit einem guten Gefühl, das heißt mit einem *Erfolgserlebnis* beendet werden.

7. Das Geheimnis erfolgreichen Rechnens

7.1 Ungeeignete Rechenstrategien

Betrachten wir zunächst, welche Strategie Kinder bevorzugen, die wenig Erfolg beim Rechnen und in der Mathematik haben.

Beispiel 1: Hansi, 8 Jahre alt, 2. Klasse, bei einem entsprechenden Test als „leicht rechenschwach" eingestuft:
Hansi kann bei Aufgaben im Zahlenraum bis 20 nur dann richtige Lösungen finden, wenn er die Finger zu Hilfe nehmen darf und er braucht dazu natürlich mehr Zeit als die anderen Schüler.

Wenn die gleiche Aufgabe mehrmals gestellt und jeweils durch eine andere Aufgabe unterbrochen wird, muss er jedes Mal neu rechnen. Er erinnert sich nicht, dass er die Aufgabe vor kurzem schon richtig gelöst hat.

Wenn er die Finger nicht benutzen darf, versucht er das richtige Ergebnis zu raten. Da er über keine weitere Kontrollmöglichkeit verfügt, wundert er sich nicht, wenn er beispielsweise 4 als Ergebnis der Aufgabe 13 – 7 herausbringt.

Hansi schaut beim Rechnen nie nach oben. Meistens schaut er nach unten und bewegt die Finger (K). Dabei zählt er leise mit (A). Wenn er die Antwort rät, schaut er zur Seite (A). Er verwendet also ausschließlich *kinästhetische und auditive* Strategieelemente.

Beispiel 2: Steffi, 10 Jahre alt, 4. Klasse:
Steffi kann Additionen im Zahlenraum bis 100 ziemlich sicher durchführen. Wenn sie allerdings eine „Minus-Aufgabe" wie beispielsweise 49 – 11 = ? rechnen soll, stöhnt sie erst einmal, dann rechnet sie, indem sie die Zahlen ab 49 rückwärts abzählt.

Um nicht durcheinander zu kommen, benutzt sie die Finger und kommt mit dieser Methode nach einem gewissen Zeitraum durchaus auf das richtige Ergebnis.

Auch beim Einmaleins bevorzugt sie die Abzählmethode. Die Aufgabe 5 x 3 = ? bewältigt sie folgendermaßen: 3 + 3 = 6, + 3 = 9, + 3 = 12, + 3 = 15. Wieder übernehmen die Finger die Kontrollfunktion.

Bei Sachaufgaben ist Steffi meistens ratlos. Sie liest den Text nur oberflächlich durch, versucht sich an ähnliche Aufgaben zu erinnern und beginnt sofort irgendeine Rechnung, die selten zum richtigen Ergebnis führt. Sie wählt willkürlich eine Rechenoperation aus und kann oft nicht sagen, was sie eigentlich ausrechnen sollte. Das Ergebnis wird von ihr nicht daraufhin überprüft, ob es überhaupt im Bereich des Möglichen liegt.

Auch Steffi schaut beim Rechnen nicht nach oben, benutzt die Finger (K) und bevorzugt abzählendes Rechnen (A) sowie formale Erinnerungsstrategien (A). Ihrer Rechenstrategie *fehlt* ebenfalls *die visuelle Komponente.*

Auch wenn sich mit der Zeit die Rechenfertigkeit der auditiv-kinästhetischen Schüler durch häufiges Üben bessert oder sie die Erlaubnis bekommen, den Taschenrechner zu benutzen, bleiben sie immer unsicher und würden Mathematik als Schulfach am liebsten abschaffen. Die Unsicherheit äußert sich sehr oft in dem Wörtchen „oder?", das ihre Lösungsvorschläge gewöhnlich begleitet: „Da muss ich teilen – oder? Nein, doch lieber malnehmen – oder?"

Zudem suchen sie verzweifelt nach Regeln, an die sie sich halten können. Andererseits sind sie nicht in der Lage, die Regeln im konkreten Fall richtig anzuwenden, weil diese meist nur auswendig gelernt sind. Ein typisches Beispiel kennen wir aus der Algebra: Die Schüler können die Vorzeichenregeln aufsagen, übersehen dann in der Aufgabe aber die Minuszeichen und das Ergebnis wird falsch.

Die Augen und das Sehen scheinen also eine wesentliche Rolle für den Erfolg in der Mathematik zu spielen.

Betrachten wir daher als Nächstes, welche Elemente eine ganzheitliche und damit erfolgreichere Rechenstrategie enthalten sollte.

7.2 Die ganzheitliche Rechenstrategie

Die ganzheitliche Rechenstrategie bezieht alle Sinne ein, wobei dem visuellen Sinn die wesentliche und entscheidende Bedeutung zukommt. Rechengenies, die in Sekundenschnelle riesige Zahlen multiplizieren können, lösen die Aufgaben nur, indem sie sie vor sich sehen! Sie können ebenso wie andere hervorragende Mathematiker auf die auditiven und kinästhetischen Elemente nahezu verzichten.

Diesen hohen Anspruch wollen wir an unsere Schüler nicht unbedingt stellen, denn sie sollen ja lediglich die schulischen Anforderungen besser, sicherer und mit mehr Freude bewältigen können. Deshalb bieten wir ihnen die ganzheitliche Strategie an, bei der sie ihre vertrauten kinästhetischen und auditiven Elemente beibehalten können.

Die vollständige ganzheitliche Rechenstrategie besteht aus den folgenden fünf Schritten:

> Schritt 1: Wir lesen die Aufgabe genau. (Ve)
>
> Schritt 2: Wir stellen uns den Sachverhalt bildlich vor. (Vk/Ve)
>
> Schritt 3: Wir erinnern uns an die benötigten Rechenregeln. (V/A)
>
> Schritt 4: Wir rechnen die Aufgabe schriftlich (K/A) oder mündlich. (V/A)
>
> Schritt 5: Wir überprüfen das Ergebnis an Hand unserer Erfahrungen und Vorstellungen. (K/V)

Wir können feststellen, dass von den in der Mathematik wenig erfolgreichen Schülern der erste Schritt oft unvollständig, der zweite Schritt gar nicht, der dritte manchmal und der fünfte wiederum gar nicht durchgeführt wird. Ihre Strategie reduziert sich somit im Wesentlichen auf Schritt 4.

Welche Möglichkeiten haben wir, diese Schüler mit den unbedingt erforderlichen weiteren Schritten bekannt zu machen?

7.3 Das Einüben der Rechenstrategie

Wenn wir mit einem Schüler die Rechenstrategie einüben wollen, brauchen wir vor allem Geduld. Wir müssen uns viel Zeit für einzelne Aufgaben nehmen und *lieber nur eine Aufgabe gründlich als mehrere oberflächlich* bearbeiten.

Das bedeutet in der Praxis, dass diese Zeit in der Regel zusätzlich zu den normalen Hausaufgaben aufgewendet werden muss. Kein Schüler beschäftigt sich länger als unbedingt nötig mit seinen Hausaufgaben. Sie sind ein lästiges Übel, dass man irgendwie hinter sich bringen muss. Das Einüben der Rechenstrategie soll dagegen eine ganz andere Bedeutung haben und muss gefühlsmäßig positiv besetzt werden um wirklich erfolgreich sein zu können.

Es geht darum, den Schüler in das „Geheimnis des erfolgreichen Rechnens" einzuweihen. Er erhält langfristig die Chance, seine Noten in dem ungeliebten Fach zu verbessern und sich sicherer darin zu fühlen, wenn er es möchte und bereit ist, diese Zeit aufzuwenden.

Wir müssen also als Erstes das *Einverständnis* des Schülers zu unserem Vorhaben einholen, dann gemeinsam eine Art „*Wohlfühlplatz*" aussuchen, an dem wir die Übungen durchführen, und ein *Zeitlimit* festlegen, das wir unbedingt einhalten sollten und das vom Alter und von der Konzentrationsfähigkeit des Kindes abhängt.

Schließlich könnten wir auch den Augen, Ohren und Händen abwechselnd kleine *Belohnungen* als Dankeschön für ihre Mithilfe anbieten. Die Kinder selbst werden am besten wissen, worüber diese sich am meisten freuen würden.

Der Arbeits- und Wohlfühlplatz sollte mit folgenden Materialien ausgestattet sein:

- Textmarker
- farbige Stifte
- Schere
- Zettelbox mit farbigem Papier
- Schmierpapier
- große Papierbögen, die auch an die Wand geheftet werden können
- evtl. Würfel und Spiele, die zum Teil selbst angefertigt werden können
- evtl. CD-Player mit ruhiger Musik
- evtl. Puppe oder Talisman als „Assistent"

Zur weiteren Vorbereitung gehört, dass wir Aufgaben auswählen, die vom Schüler eher als leicht eingestuft werden. (→ *Erfolgserlebnisse ermöglichen!*)

Wir vermeiden das Benutzen von Schulbüchern und die übliche Form der Arbeitsblätter und schreiben oder kleben die Aufgaben möglichst groß und jeweils einzeln auf *Karteikarten* oder einfache Zettel, die gefaltet und in eine Schachtel gelegt werden. Der Schüler wählt oder zieht selbst eine der Aufgaben. (→ *Kleine Einheiten!* → *Spannung erzeugen!*)

Wir haben die richtige Lösung auf die Rückseite der Karteikarte geschrieben, so dass der Schüler am Ende selbst überprüfen kann, ob er die richtige Lösung gefunden hat. (→ *Selbstkontrolle, Unabhängigkeit!*)

Lassen Sie uns nun die fünf Schritte im Einzelnen durchgehen. Als Beispiel lassen Sie uns die folgende Sachaufgabe aus der dritten Klasse verwenden:

Beispielaufgabe:
Herr Schwarz kauft zwei Tüten Milch zu je 1 € und 4 kg Äpfel zu je 1,50 €.
Wie viel Geld bekommt er zurück, wenn er mit einem 10-€-Schein bezahlt?

Schritt 1:

Der Schüler wählt oder zieht eine Aufgabe und liest sie vor.

Um die wesentlichen Inhalte der Aufgabe deutlich zu machen, sollten wir *die Zahlen und die zugehörigen Begriffe mit dem Textmarker farbig markieren.* Die Frage wird mit einer anderen Farbe gekennzeichnet.

Schritt 2:

Noch nicht gleich losrechnen! (Eventuell rote Ampel oder Stoppschild zeigen!)
Die markierten Begriffe und Zahlen werden zunächst visualisiert.
Dazu gibt es verschiedene Möglichkeiten:

a) Die Milchtüten, die Äpfel und der 10-€-Schein werden vor dem inneren Auge mit Blickrichtung nach oben (Vk) vorgestellt. (Es handelt sich um eine rein visuelle Methode.)

b) Die Aufgabe wird auf einem großen Blatt durch eine Zeichnung dargestellt. Diese Methode eignet sich für Schüler, die gern kreativ tätig sind; sie können die Zeichnung nach Belieben gestalten, solange die wesentlichen Bestandteile der Aufgabe sichtbar werden.

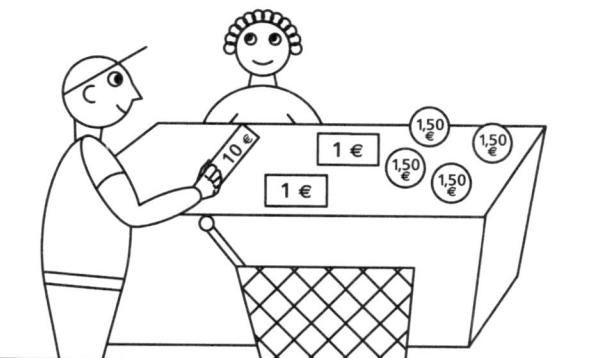

c) Die Milchtüten werden auf farbiges Papier aus der Zettelbox gezeichnet und einzeln ausgeschnitten. Auf die Tüten wird der Preis geschrieben. Ebenso wird mit den Äpfeln und dem Geldschein verfahren. Diese Methode hat den Vorteil, dass die Aufgabenelemente nicht nur sichtbar gemacht, sondern auch in die Hand genommen und verschoben oder zugeordnet werden können.

Diese Methode ist daher besonders für die stark kinästhetischen Schüler geeignet und kann auch gut für Rollenspiele in Verbindung mit Spielgeld oder echtem Geld verwendet werden.

Schritt 3:
Benötigte Rechenregeln:
a) Das Wörtchen „je" bedeutet malnehmen.
b) €-Beträge mit Kommastellen werden zum Rechnen in Cent umgewandelt.

Schritt 4:
Schrittweise ausrechnen

Dabei kann auch echtes oder Spielgeld benutzt werden. Bei Unsicherheit des Schülers wird auf die Zeichnung oder die ausgeschnittenen Teile zurückgegriffen.

Es sollte auch immer wieder die direkte Mitarbeit der Augen aktiviert (→ Blickrichtung nach oben) und beim Rechnen laut oder leise (innerlich) mitgesprochen werden.

$$2 \cdot 100 \text{ Cent} = 200 \text{ Cent}$$
$$4 \cdot 150 \text{ Cent} = 600 \text{ Cent}$$
$$200 \text{ Cent} + 600 \text{ Cent} = 800 \text{ Cent} = 8 €$$
$$10 € - 8 € = 2 €$$

Schritt 5:

Das Ergebnis überprüfen

Der Schüler nennt seine Antwort in einem ganzen Satz:

„Er bekommt 2 € zurück."

Danach wird gefragt:

„Liegt dieses Ergebnis im Bereich des Möglichen? Bist du dir ganz sicher?"

(Eventuell muss Schritt 1, 2, 3 und/oder 4 wiederholt werden.)

Das Geheimnis erfolgreichen Rechnens

1. Aufgabe genau lesen! Mit Textmarker die Zahlen und zugehörigen Begriffe sowie die Frage markieren.	
2. Nicht gleich losrechnen! Sachverhalt erst bildlich vorstellen! a) Nach oben schauen und vorstellen oder: b) Bild dazu malen oder: c) Begriffe aufzeichnen und ausschneiden, evtl. Rollenspiel dazu machen.	
3. Rechenregeln?	
4. Endlich rechnen! (Am besten laut)	
5. Ist dein Ergebnis möglich? Bist du sicher? Jetzt vergleichen: Falsch? → Leider Fehler suchen! Richtig? → Gratuliere!!!	

Symbole zum Ausschneiden und Aufkleben für das Übersichtsblatt
Das Geheimnis erfolgreichen Rechnens

Das Geheimnis erfolgreichen Rechnens

1. Aufgabe genau lesen!

    Mit Textmarker die Zahlen und zugehörigen Begriffe sowie die Frage markieren.

2. Nicht gleich losrechnen!

    Sachverhalt erst bildlich vorstellen!

    a) Nach oben schauen und vorstellen oder:

    b) Bild dazu malen oder:

    c) Begriffe aufzeichnen und ausschneiden, evtl. Rollenspiel dazu machen.

3. Rechenregeln?

4. Endlich rechnen!
    (Am besten laut)

5. Ist dein Ergebnis möglich?
    Bist du sicher?

    Jetzt vergleichen:
    Falsch? → Leider Fehler suchen!
    Richtig? → Gratuliere!!!

7.4 Fragen und Antworten zur praktischen Durchführung

Müssen die fünf Schritte der Strategie bei jeder Aufgabe genau eingehalten werden?

Die fünf Schritte sollten beim Einüben der Strategie *zunächst* genau eingehalten werden. Später ist dann vor allen Dingen auf die Schritte 2 und 5, also auf das Visualisieren des Sachverhalts und das Überprüfen des Ergebnisses zu achten, da diese den Kern der erfolgreichen Rechenstrategie ausmachen.

Wird eine Aufgabe aber spontan richtig gelöst, können wir davon ausgehen, dass der Schüler unbewusst die richtigen Schritte durchgeführt hat. In diesem Fall ist es sicher besser, das richtige Ergebnis zu bestätigen und zu würdigen und damit dem Schüler noch mehr Sicherheit zu geben anstatt auf der formalen Schrittfolge zu bestehen.

Ein gutes Gefühl und Selbstvertrauen sind immer die besten Grundlagen für erfolgreiches Lernen.

Diese Aussage scheint für die Mathematik in besonderem Maße zuzutreffen.

Was passiert eigentlich genau im vierten Schritt?

Schritt 4 kann tatsächlich je nach Art der Aufgabe sehr komplex und umfangreich sein und unter Umständen besondere Schwierigkeiten bereiten. Genau genommen handelt es sich noch einmal um eine Miniversion der gesamten Strategie, denn oft sind mehrere Aufgabenteile einzeln zu berechnen. Es kann also immer wieder auf die vielseitigen Möglichkeiten des ganzheitlichen Lernens zurückgegriffen werden:

- Der visuelle Anteil (des Schülers) sieht die Aufgabe und den Lösungsweg vor sich.
- Der auditive Anteil erinnert sich an ähnliche Aufgaben und führt einen inneren Dialog um der Lösung näher zu kommen.
- Der kinästhetische Anteil probiert handelnd/schreibend verschiedene Ideen aus.

Je nach Lerntyp kombiniert jeder Schüler diese drei ihm zur Verfügung stehenden Strategieelemente auf seine Weise. Unsere Aufgabe ist es, ihn behutsam auf die von ihm vernachlässigten Möglichkeiten hinzuweisen, wie er sie in der vollständigen 5-Schritte-Strategie ja bereits kennen gelernt hat.

Auf jeden Fall sollte die Strategie zunächst mit Aufgaben eingeübt werden, die keine komplizierten Rechnungen in Schritt 4 erfordern.

Mein Kind hat schon in der ersten Klasse Schwierigkeiten beim Rechnen. Ist die Rechenstrategie auch für dieses Alter geeignet?

Die Rechenstrategie ist für jedes Alter geeignet, aber natürlich muss das Einüben dem Entwicklungsstand des Kindes angepasst werden und für jüngere Schüler muss es besonders viele spielerische Elemente enthalten.

Ähnlich wie bei der Rechtschreibstrategie kann dem Kind zunächst die Geschichte von einem anderen Kind erzählt werden, dessen Finger beim Rechnen furchtbar überlastet waren und denen schließlich die Augen erfolgreich zu Hilfe kamen.

Wenn sich das Kind nun bereit erklärt, diese Methode ebenfalls auszuprobieren, kann man als Signal für die Augen den Blick nach oben vereinbaren. Blick nach oben bedeutet also praktisch: „Hallo Augen! Bitte helft mir beim Rechnen!"

Nun werden dem Kind *Hilfsmittel zum Visualisieren* des Zahlenraums (vorerst höchstens bis 10) angeboten, zum Beispiel:

- ein Turm aus fünf roten und fünf blauen LEGO-Steinen (am besten DUPLO)
- Punktekarten
- Steckwürfel
- Holzknöpfe
- numerische Stangen (Montessori)
- Zahlenkarten und Chips dazu
- Rechenbus (aus Eierkartons selbst gefertigt) mit LEGO-Männchen als Fahrgästen
- große Zahlenkarten für den Fußboden
- Würfel etc.

Das Kind wird sich höchstwahrscheinlich für eines oder zwei der Angebote entscheiden. Daher vermeiden Sie es teures Geld auszugeben und versuchen Sie es zunächst mit vorhandenem Material, zum Beispiel mit LEGO-Steinen!

Immer wenn eine Reihe von Aufgaben mit diesen Hilfsmitteln gelöst worden ist, sollte versucht werden, die gleiche Art von Aufgaben nur „im Kopf", das heißt mit Blick nach oben und ohne Finger zu lösen. Das mag am Anfang manchem Kind noch schwer fallen. Nach einiger Übungszeit gewöhnt es sich und seine Augen aber an die neue Methode und wird zunehmend an Sicherheit gewinnen.

 Das Ziel ist es, das Kind allmählich vom linearen Zählen weg- und zum Zahlenerkennen „auf einen Blick" hinzubringen.

Ein wichtiger Schritt ist dann geschafft, wenn das Kind mühelos jede Zahl von 1 bis 9 auf 10 ergänzen kann, weil es gelernt hat, diesen Zahlenbereich vor dem inneren Auge zu sehen. Erst wenn es in der Lage ist, alle Zahlen bis 10 ohne Abzählen in ihre unterschiedlichen Summanden aufzuteilen, ist es bereit, auch den Zehnerübergang visuell und damit erfolgreich zu bewältigen.

(Beispiel: $8 = 1 + 7 = 2 + 6 = 3 + 5 = 4 + 4 = 5 + 3 = 6 + 2 = 7 + 1$)

Übrigens hat vor allem Maria Montessori entdeckt, wie wichtig das konkrete Handeln für die meisten Kinder ist, bevor sie abstraktes Zahlenverständnis entwickeln können. Daher findet man unter den Montessori-Materialien auch hervorragende mathematische Hilfsmittel. Es ist aber nicht unbedingt notwendig, das teure Originalmaterial zu kaufen; vieles lässt sich mit etwas handwerklichem Geschick auch selbst herstellen.

Vielleicht entstehen während der Arbeit mit dem Kind ja auch ganz neue individuelle Ideen. Egal, welches Material Sie oder Ihr Kind auswählen: Es darf so lange und immer wieder benutzt werden, bis es nicht mehr nötig ist.

Mein Kind interessiert sich einfach nicht für Zahlen. Was kann ich tun?

Möglicherweise ist Ihr Kind stark rechtshemisphärisch orientiert. Vielleicht werden die Zahlen interessanter, wenn sie auf farbigen Luftballons, Autos oder Tieren visualisiert werden. Nutzen Sie die Phantasie Ihres Kindes und lassen Sie die langweiligen Rechenaufgaben in der Vorstellung zu attraktiven Dingen oder lebendigen Wesen werden.

Beispiel zur Aufgabe $4 + 3 = ?$: Zwei Rennautos mit den Nummern 4 und 3 liefern sich ein spannendes Rennen. Wer wird gewinnen? Auf der Ziellinie liegen sie so dicht beieinander, dass man nicht sagen kann, wer der Gewinner ist. Der Siegerpokal geht an beide gemeinsam, also an die 7.

Auch eine Rechenfee kann diese Aufgabe auf interessante Weise lösen, indem sie die 3 und die 4 mit ihrem Zauberstab zur 7 verwandelt.

Weiterhin macht es mehr Spaß sich mit Zahlen zu beschäftigen, wenn diese auf bunte Kärtchen geschrieben sind, die das Kind vielleicht selbst gestaltet hat. Attraktiv sind auch große Zahlen aus Holz oder Pappe, die man in die Hand nehmen und sprechen lassen kann. Viele Kinder lieben es, Kasperlepuppen oder Tiere für sich rechnen zu lassen

Übrigens ist es meistens nicht lange nötig solch aufwendige Hilfsmittel zu verwenden. Die meisten Kinder akzeptieren irgendwann die Tatsache, dass sie nun einmal Rechnen lernen müssen, vor allem dann, wenn sie merken, dass sie es auch ganz gut können.

Wie kann ich meinem Kind die Aufgaben am besten erklären?

Erklären Sie am besten gar nicht bzw. so wenig wie möglich! Erklärungen unterstützen zum einen das auditive System, das in der Mathematik nicht sehr hilfreich ist.

Zum anderen ist es eine altbekannte Tatsache, dass die meisten Schüler abschalten, wenn sie etwas erklärt bekommen. Der Lehrer redet – das ist oft ein Signal zum Ausruhen, denn „jetzt bin ich nicht dran"!

Nur sehr gut motivierte Schüler hören den Erklärungen aufmerksam zu, die anderen benutzen die typische Schülerstrategie: Sie schauen aufmerksam, nicken interessiert und antworten auf die Frage, ob sie alles verstanden haben, brav mit „Ja". Wenn sie aber aufgefordert werden die Aufgabe selbst zu lösen, wissen sie nur selten den richtigen Weg.

Am besten gehen Sie daher den umgekehrten Weg und lassen den *Schüler* die Aufgabe erklären, soweit sie von ihm verstanden wurde. Der Schüler soll selbst denken und soll genau formulieren, was er wissen möchte. Erst wenn er wirklich nicht mehr weiter weiß, geben wir ihm einen (möglichst) *visuellen Impuls,* beispielsweise indem wir:

- seine Aufmerksamkeit mit dem Textmarker auf einen bestimmten Teil der Aufgabe richten;
- ihm den Tipp geben, dass in einer bestimmten Zeile etwas nicht stimmt;
- eine kleine Zeichnung oder Skizze anfertigen;
- ihn den entsprechenden Merksatz im Heft/Buch suchen lassen;
- ihm eine ähnliche, einfachere Musteraufgabe zeigen;
- ihm Material geben, damit er sich die Aufgabe konkret vorstellen kann.

Wir müssen bedenken, dass der Schüler in der Schule auch alleine seine Fehler suchen und Lösungswege finden muss. Wir helfen ihm daher nicht, wenn wir ihm Arbeit abnehmen. Er muss vielmehr immer wieder zur Eigenverantwortlichkeit angehalten werden.

Mündliche Erklärungen sollten auf ein Minimum beschränkt werden, auch wenn es uns manchmal sehr schwer fällt abzuwarten, bis der Schüler selbst zu einem Ergebnis kommt.

Gibt es Rechenspiele, die das Üben auflockern?

Spiele sind eine hervorragende Möglichkeit, Schüler gleich welchen Alters zum Üben und Lernen von Rechenregeln, Einmaleins oder beliebigen anderen einfachen Grundlagenaufgaben zu bewegen, ohne dass sie es überhaupt bewusst merken.

Allerdings ist unbedingt auf einen geeigneten Schwierigkeitsgrad zu achten. Ein Spiel, dass man immer wieder verliert, macht natürlich keinen Spaß.

Ein passendes Spiel kann man leicht selbst herstellen. Man benötigt dazu nur kleine Karteikarten für die Aufgaben, ein paar Würfel, Spielsteine und einen Spielplan.

Für den Spielplan gilt das Prinzip: Je einfacher, desto besser. Auf farbigen Plakatkarton wird ein Rundkurs aus runden Aufklebepunkten und mit ausgeschnittenen Bildern oder Computerzeichnungen nach Belieben gestaltet. Abschließend sollte er mit selbstklebender, transparenter Folie geschützt werden. Karteikärtchen mit Fragen und Antworten können vorgegeben oder gemeinsam geschrieben werden. Vor allem sehr unsichere Schüler können die Karten ruhig schon vorher anschauen und üben, damit sie beim Spielen recht erfolgreich sein können.

Der übliche Spielverlauf ist bekannt: würfeln, ziehen und an den besonders markierten Stellen Fragen beantworten. Für jede richtige Antwort gibt es einen Punkt. Ziel ist es, in der vorgegebenen Zeit möglichst viele Punkte zu bekommen. Je nach Alter und Kreativität der Teilnehmer können die Spielregeln beliebig variiert werden.

Beispiel: *Das Schatzspiel,* **geeignet für Kinder bis etwa 10 Jahre**

Ein Plakatkarton wird mit Tiermotiven und Klebepunkten so gestaltet, dass zwischen den Tieren jeweils ein bis fünf Schritte in verschiedene Richtungen gemacht werden können. Die Tiere hüten gemeinsam einen Schatz, zum Beispiel Schoko-Goldtaler. (Vgl. Seite 108)

Man würfelt und kann in jede beliebige Richtung ziehen. Wenn man auf ein Tierfeld kommt, stellt das Tier eine Frage (Karteikarte). Wird diese richtig beantwortet, bekommt man einen Schatzanteil, zum Beispiel einen Plastikchip. Am Schluss kann jeder Teilnehmer seine Chips gegen eine bestimmte Anzahl „Goldtaler" eintauschen.

(Weitere Vorschläge für Spiele finden Sie im Kapitel „Visualisierungsübungen".)

Spielplanvorschlag: **Das Schatzspiel**

8. Weitere ganzheitliche Strategien und Methoden

8.1 Fremdsprachen lernen mit allen Sinnen

Für das Erlernen von Sprachen ist vor allem das auditive System zuständig. Folglich ist anzunehmen, dass Schüler, die überwiegend auditiv lernen, in den fremdsprachlichen Fächern wie Englisch und Französisch gute Leistungen erbringen können.

Leider bestätigt sich diese Annahme in der Realität nicht immer. Das liegt vor allem daran, dass auch der Fremdsprachenunterricht in den Schulen oftmals überwiegend visuell durchgeführt wird: Die Lektionen im Englischbuch werden gelesen (V), die neuen Grammatikregeln und Vokabeln werden ins Heft geschrieben und sollen daraus gelernt werden (V), die Übungen werden ebenfalls aus dem Buch ins Heft übertragen oder auf Aufgabenblättern bearbeitet (V).

Für das Sprechen und Kommunizieren in der neuen Sprache bleibt dem Einzelnen in der Regel sehr wenig Zeit. Auditive und kinästhetische Schüler fühlen sich daher unsicher und bekommen schlechte Noten, da sie ihrem visuellen System zu wenig vertrauen. In diesen Fällen gibt es wieder zwei Arten der Unterstützung:

- Wir nutzen und unterstützen die vorhandenen auditiven und kinästhetischen Potenziale.
- Wir fördern die visuellen Fähigkeiten allgemein.

Sprache kommt von Sprechen – geben wir den Schülern also ausreichend Gelegenheit dazu! Eine Übung, die schriftlich durchgeführt wird, sollte immer laut mitgesprochen werden. Sehr oft hören auditive Menschen dann, ob der Satz richtig oder falsch klingt.

Auch Vokabeln müssen laut gesprochen und angewendet werden, damit sie dem *aktiven Wortschatz* hinzugefügt werden können.

Beim Lernen kann eine selbst angelegte *Lernkartei* hilfreich sein: Auf kleinen Karteikarten wird eine Seite mit dem neuen englischen Wort beschriftet, auf der Rückseite steht die deutsche Bedeutung oder ein englischer Satz, der die Vokabel enthält oder erklärt.

Nun kann der Schüler selbst überprüfen, ob er alle Wörter parat hat, indem er die Kärtchen durcharbeitet. Die noch nicht beherrschten Wörter kommen auf einen gesonderten Stapel und müssen jeweils wiederholt werden, bis sie wirklich sitzen.

Idealerweise werden die Kärtchen insgesamt fünfmal gelernt. Dafür gibt es im Handel besondere 5-Fächer-Karteikästen aus Pappe, die man leicht selbst zusammensetzen kann. Allerdings ist mir in meiner bisherigen langjährigen Arbeit noch kein Schüler begegnet, der so gründlich gearbeitet hat. Die meisten Schüler begnügen sich damit, die Karten ein- bis zweimal durchzugehen. Vielen Schülern ist aber bereits das Anlegen der Karteikarten zu langwierig und umständlich.

Mehr Spaß macht diese Methode übrigens, wenn man sie zu zweit durchführt und sich gegenseitig abfragt oder, noch besser, sie in ein *Lernspiel* integriert.

Vielleicht lassen sich einige Schüler eher von der *Walkman-Methode* begeistern? Hierbei werden die Vokabeln oder ganze Sätze auf eine Kassette gesprochen, die der Schüler während der Busfahrt (oder wann immer er mag) über seinen Walkman anhören kann. Auch hier ist Mitsprechen (wann immer es möglich ist) wichtig – dann prägen sich die Wörter nahezu mühelos ein. Der Nachteil ist, dass die Schreibweise nicht mitgelernt wird, was beim nächsten Diktat wieder zu neuen Fehlern führen kann.

Um in der fremden Sprache sicherer zu werden, bietet es sich auch an, einfach mal *im Alltag Englisch* zu *reden*. Auch „fremdsprachengeschädigte" Eltern können ruhig versuchen eigene Hemmungen zu überwinden. Die Kinder sind in der Regel unkritisch oder freuen sich sogar, wenn sie einen Erwachsenen bei einem Fehler ertappen. Es geht hier auch nicht darum, perfektes Englisch zu sprechen, sondern darum, den eigentlichen Sinn einer Sprache, nämlich die zusätzliche *Verständigungs- und Kommunikationsmöglichkeit* zu erkennen und schätzen zu lernen.

Einen weiteren interessanten ganzheitlichen Ansatz bieten *suggestopädische Sprachkurse,* die von manchen Volkshochschulen angeboten werden. Von Anfang an wird hier in der neuen Sprache gesprochen. Durch kleine Rollenspiele und teilweise recht lustige Übungen fühlt sich auch der kinästhetische Lerner schnell mit den zunächst unbekannten Sätzen vertraut und weiß sich bald recht geschickt auszudrücken.

Vor allen Dingen nutzen die Suggestopäden auch die Fähigkeiten der *rechten Gehirnhälfte:* Entspannungsübungen und so genannte Lernkonzerte, bei denen der neue Text vor dem Hintergrund von klassischer Musik vorgetragen wird, wechseln ab mit Aktivierungsübungen und vielen spielerischen Lernelementen. Hier macht Lernen wirklich Spaß und es wäre schön, wenn auch in den Schulen diese Lehr- und Lernmethoden mehr Verbreitung finden würden!

8.2 Lernplakate und Zettelwirtschaft

Für die stärkere Beteiligung der Augen am Lernprozess gibt es eine besonders geeignete Methode: das Anfertigen attraktiver *Lernplakate*.

Lernposter oder -plakate können zu jedem Thema – seien es mathematische Formeln, Grammatikregeln, geographische und biologische Grundbegriffe oder anderes – so gestaltet werden, dass dem Betrachter die *wesentlichen Lerninhalte* übersichtlich, bildhaft und farblich strukturiert sozusagen „ins Auge springen".

Den Schülern werden oft schon beim Anfertigen des Plakats viele Zusammenhänge klar, denn sie müssen sich intensiv mit dem Thema auseinander setzen und entscheiden, was wirklich wichtig ist und wie diese wichtigen Lerninhalte aufeinander Bezug nehmen.

Das fertige Poster wird dann so aufgehängt, dass es möglichst oft und viel gesehen wird. Auch „unbewusstes Sehen" kann dabei offenbar sehr wirksam sein, wie die Suggestopäden nachgewiesen haben. Wenn das Thema schließlich gelernt oder nicht mehr aktuell ist, kann es einfach durch ein neues Plakat ersetzt werden.

Eine spezielle Art des Lernplakats kann mit Hilfe der *Zettelmethode* erarbeitet werden: Das Thema und die wichtigen Begriffe werden dabei auf einzelne Zettel aus der farbigen Zettelbox geschrieben und anschließend auf einem großen Blatt Papier so angeordnet, dass ihr Zusammenhang deutlich wird. Wenn jeder der einzelnen Zettel seinen Platz gefunden hat, wird er dort aufgeklebt.

Diese Methode hat den Vorteil, dass Veränderungen und Ergänzungen jederzeit möglich sind. Farbiges Papier, dicke, bunte Filzstifte und passende Bilder aus Zeitschriften eignen sich besonders dazu, jedem Plakat sein ganz individuelles „Gesicht" zu geben.

Auch beim *Aufsatzschreiben* oder zur Referatvorbereitung kann die Zettelmethode äußerst hilfreich sein: Zunächst werden alle Ideen zum Thema ungeordnet auf die einzelnen Zettel geschrieben, was meist zu einer umfangreichen *Stoffsammlung* führt. Anschließend werden diese Ideen bewertet, ausgewählt und geordnet. Es wird eine sinnvolle Reihenfolge bestimmt, wobei sich deutlich Ober- und Unterpunkte herausbilden. Auf diese Weise entsteht eine klare *Gliederung* des Themas, die nun im Einzelnen ausgearbeitet werden kann.

Es besteht hier natürlich immer die Möglichkeit, die Zettel herumzuschieben, um andere Gliederungsanordnungen auszuprobieren und das vorhandene Schema zu verändern oder durch neue Ideen zu ergänzen.

Die kleinen, farbigen Zettel bilden überhaupt eine überaus geeignete Methode, kinästhetisches Lernen mit visuellem zu verbinden.

Beispiel
Ein Schüler kann sich die lateinischen Begriffe für Zusammenzählen, Abziehen, Malnehmen und Teilen nicht merken. (Addieren, Subtrahieren, Multiplizieren, Dividieren)

Durchführung: Die deutschen Begriffe oder Rechensymbole werden jeweils einzeln auf rote Zettel geschrieben, die lateinischen auf blaue.

Der Schüler sieht die Begriffe vor sich, benennt sie und ordnet sie einander zu. Dieser Vorgang wird so lange wiederholt, bis die Zuordnung sicher beherrscht wird. Anschließend werden die Begriffe schriftlich und/oder mündlich abgefragt.

+	zusammenzählen	addieren
–	abziehen	subtrahieren
·	malnehmen	multiplizieren
:	teilen	dividieren

Auf diese Weise können alle Zuordnungen im fremdsprachlichen Bereich (Vokabeln), in der Grammatik oder in der Mathematik (Aufgaben werden Lösungen zugeordnet und umgekehrt) sicher erarbeitet werden. Die rechte Gehirnhemisphäre freut sich darüber, wenn auch die kreative Seite ausreichend am Lernprozess beteiligt wird.

8.3 Allgemeine Visualisierungsübungen

Sie wissen inzwischen, dass Visualisieren beim Lernen auf zwei Arten nützlich ist:

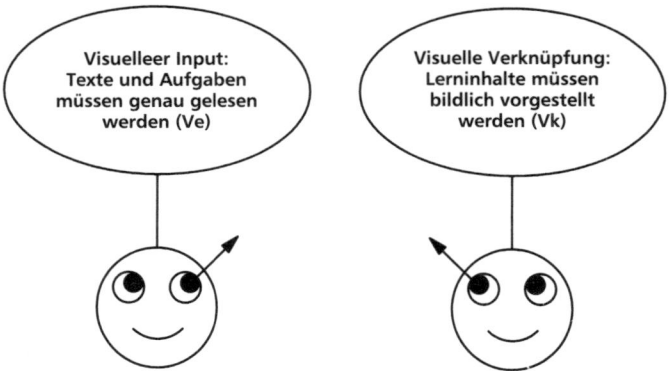

Zum Schulen der visuellen Wahrnehmungsfähigkeit (Ve) sind alle gängigen Konzentrationsübungen geeignet, die genaues Hinsehen erfordern. Der Fachhandel bietet eine große Anzahl solcher Übungen für alle Altersstufen an. Hier einige bekannte Beispiele:

1. *Fehler finden*
   Zwei Bilder, die auf den ersten Blick identisch scheinen, werden miteinander verglichen. Es müssen einige Details gefunden werden, in denen sie sich voneinander unterscheiden.

2. *Labyrinth*
   Der Weg durch ein Labyrinth soll durch reines Hinsehen gefunden werden. Erst wenn der Weg sich vor den Augen klar abzeichnet, wird er mit einem Stift nachgezeichnet.

3. *Reihenfolgen bilden*
   Mehrere Figuren oder Bilder, die sich jeweils durch ein bestimmtes Merkmal unterscheiden, sollen in die richtige logische Reihenfolge gelegt werden.

4. *Wortsalat*
   Aus einer scheinbar willkürlich zusammengestellten Anzahl von Buchstaben sollen bestimmte Wörter identifiziert werden, die sich waagerecht oder senkrecht irgendwo in diesem „Buchstabensalat" befinden.

Bei all diesen Übungen ist es wichtig sie so auszuwählen, dass der Schüler sie spielerisch und erfolgreich lösen kann; anderenfalls wird er sehr schnell die Lust am Weiterüben verlieren. In der Regel werden sich allerdings ohnehin eher die Schüler dafür begeistern, die bereits über eine gut ausgeprägte Visualisierungsfähigkeit verfügen.

Vielleicht finden aber auch die hart gesottenen „Arbeitsblatt-Muffel" Spaß daran, Muster nachzulegen:

5. *Muster nachlegen*
   Aus farbigem Karton werden einfache geometrische Formen (Kreise, Quadrate, Dreiecke) ausgeschnitten. Ein Spielteilnehmer legt ein Muster vor, das aus verschiedenen Farben und/oder Formen besteht. Er zeigt es den andern, diese machen ein „inneres Foto" davon und legen es nach einer kleinen Pause, in der ein paar leichte Kopfrechenaufgaben gelöst oder Runden um den Tisch gelaufen werden müssen, in der richtigen Anordnung nach. Den Schwierigkeitsgrad bestimmen die Teilnehmer dabei selbst.

Weiterhin erfordern viele altbekannte Karten-, Würfel- und Brettspiele schnelles und genaues Hinsehen. Als Beispiele seien hier nur Mühle, Domino, „Mau-Mau" oder Kinderkniffel genannt.

Viele Büchereien bieten Spiele zum Ausleihen an, so dass man sie in Ruhe ausprobieren kann. Für die meisten Kinder ist es übrigens oft attraktiver mit der Familie und mit Freunden zu spielen als allein vor dem Computer oder Fernseher zu sitzen. Auf jeden Fall ist es einen oder mehrere Versuche wert!

> **Nehmen Sie sich die Zeit und spielen Sie mit Ihren Kindern!**
>
> **Für alle Altersstufen gibt es interessante Spiele, die ganz nebenbei die Visualisierungsfähigkeit schulen und tatsächlich wesentlich ansprechender sind als die üblichen Konzentrationsaufgaben in Form von Arbeitsblätter, die zu sehr an die Schule erinnern.**

Natürlich eignen sich alle Spiele, die logisches Denken und visuelles Verknüpfen erfordern, ebenso zur Schulung der visuellen Vorstellungskraft (Vk). Hier sind drei Beispiele für beliebte Spiele, die beide Visualisierungsarten gleichermaßen berücksichtigen:

6. *Einmaleins-Memory*

Auf 20 Karten werden alle Aufgaben und alle Lösungen des zu übenden Einmaleins getrennt notiert. Die Spieler decken abwechselnd je zwei Karten auf. Wenn Aufgabe und Ergebnis übereinstimmen, behält man diese Karten und darf noch einmal aufdecken.

Das Spiel wird einfacher, wenn die Aufgaben und die Lösungen auf Karten verschiedener Farbe stehen.

7. *1 x 1-Spiel (Ravensburger)*

Mit bunten Zahlenkarten wird eine Einmaleins-Reihe ausgelegt, zum Beispiel: 0, 5, 10, 15, 20, 25, 30, 35, 40, 45, 50. Jeder Mitspieler erhält fünf Chips. Die Mitspieler würfeln reihum bzw. abwechselnd mit einem zwölfseitigen Würfel (er enthält auch die 0 und einen Joker). Entsprechend der gewürfelten Augenzahl darf man einen Chip auf die passende Ergebniskarte ablegen: bei der gewürfelten Zahl 1 auf die Karte 5, bei 5 auf die 25 usw. Liegt auf der betreffenden Karte bereits ein Chip, muss der Spieler diesen zu sich nehmen. Sieger ist, wer zuerst alle Chips losgeworden ist.

Mit diesem Spiel kann man übrigens auch Einmaleins-Bingo spielen.

8. *Streichholzknobeleien*

Ein vorgegebenes Muster aus Streichhölzern soll durch Hinzufügen oder Wegnehmen einer bestimmten Anzahl der Hölzer in ein neues Muster verwandelt werden.

Bei diesen Aufgaben muss man genau hinsehen (Ve), kann verschiedene Varianten durch Umlegen ausprobieren (K) und muss sich Lösungsmöglichkeiten vorstellen (Vk).

Eine weitere Übung dient dazu, die Augen an die Vk-Stellung zu gewöhnen:

9. *Billardkugeln*

Der Schüler bekommt Anweisungen folgender Art:

Bitte schau nach oben und stell dir eine weiße Billardkugel (Luftballon oder Ähnliches) vor. Jetzt lege eine rote Kugel dazu! Wo liegt sie?

Lege noch eine blaue Kugel dazu! Wie sind die Kugeln jetzt angeordnet?

Kannst du noch eine gelbe Kugel dazulegen?

Lass die blaue und die gelbe Kugel die Plätze tauschen!

Schreibe Zahlen auf die Kugeln. Welche Zahl hat die rote Kugel bekommen, welche die weiße?

Tausche die Plätze der roten und der weißen Kugel! Wie sind jetzt Zahlen und Farben angeordnet? ...

Diese Übung wird anfangs oft als schwierig und ungewohnt empfunden, daher sollte der Schwierigkeitsgrad nur langsam gesteigert werden. Besonders ist auf die nach oben gerichtete Augenstellung zu achten. Schülern, die ihr visuelles System wenig nutzen, fällt diese Augenstellung schwer und sie flüchten gern zu ihren üblichen Blickrichtungen nach unten oder zur Seite.

Jedes Lernen durch Spielen hat den entscheidenden Vorteil, dass auch die rechte Gehirnhemisphäre in den Übungsprozess mit einbezogen wird, wenn der Leistungsaspekt wird zu stark betont wird. Vor allem gilt das für kreative Spiele, die auch die Phantasie der Spieler anregen, wie es beispielsweise Rollenspiele tun. Die besten Spiele ergeben sich oft spontan und wir sollten, wann immer es möglich ist, dieses wichtige Potenzial nutzen.

8.4 Kinesiologische Übungen

In den letzten Jahren fanden spezielle Körperübungen, die das Lernen fördern, bei Eltern und Lehrern großes Interesse. Es handelt sich dabei um die von Paul Dennison entwickelten *Brain-Gym®*-Übungen aus der so genannten Edu-Kinestetik oder pädagogischen Kinesiologie. Dennison, der viele Jahre mit lernbehinderten Menschen arbeitete, erkannte, dass mit Hilfe bestimmter Bewegungen deutliche Fortschritte beim Lernen und beim Abbau von Lernblockaden erreicht werden können.

Die Übungen haben vor allem die Aktivierung und Koordination beider Gehirnhälften sowie den Abbau von Stress zum Ziel. Seiner Erfahrung nach können Schüler aller Altersstufen auf diese Weise ihre Fähigkeiten und Potenziale besser ausschöpfen. Ausgebildete Fachleute können durch Muskeltests bestimmen, welche Übungen für jeden Schüler speziell geeignet sind. Es haben sich in der Praxis aber einige Übungen bewährt, die allen Schülern gleichermaßen gut tun, vor allem aber jenen, die Schwierigkeiten haben, diese Übungen durchzuführen: die *liegenden Achten* und die *Überkreuzbewegungen*.

1. Die liegenden Achten
Ziele: – Integration des linken und rechten Gesichtsfeldes
– Verbesserung der Augenbeweglichkeit und der Lesefertigkeit

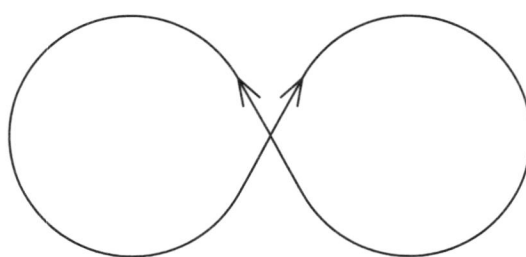

Durchführung: Der Schüler verfolgt mit den Augen den Daumen seiner ausgestreckten Hand, die die Achterbewegung in der angegebenen Richtung (jeweils von unten nach oben) mehrmals durchläuft. Anschließend tut er das Gleiche mit der anderen Hand.

Praxistipp: Es ist leichter, die Achten auf einem großen Blatt Papier, zum Beispiel Packpapier, an der Wand nachzufahren. Rechtshemisphärische Schüler lieben es auch den großen, selbstgemalten Schmetterling in der angegeben Weise zu streicheln.

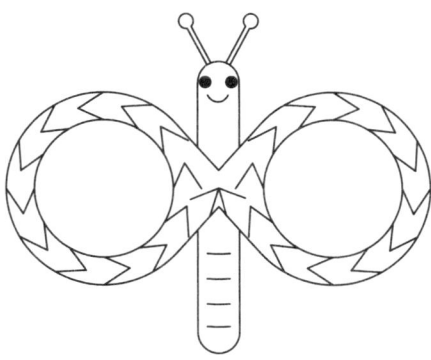

2. Überkreuzbewegungen

Ziel: Aktivieren und Koordinieren der beiden Gehirnhälften durch Kreuzen der Mittellinie

Durchführung: Der Schüler berührt mit jeder Hand abwechselnd das jeweils gegenüber liegende Knie und schaut dabei nach oben.

Praxistipp: Diese Übungen machen mit rhythmisch ausgeprägter Musik viel mehr Spaß.
Es gibt übrigens inzwischen umfangreiche Literatur zu diesem Thema (siehe Anhang), so dass Sie sich bei Interesse näher informieren können.

Zusammenfassung der Kapitel 6 bis 8

- Erfolgreiche Rechtschreiber speichern Wortbilder visuell und „fühlen", ob ein Wort richtig aussieht. Daher sollte jedes Rechtschreibtraining diese visuellen und kinästhetischen Strategieelemente gezielt fördern.

- Auch in der Mathematik kommt nur derjenige sicher zu richtigen Ergebnissen, der sich die Aufgaben visuell vorstellen kann. Wir erweitern daher die vorhandenen auditiven und kinästhetischen Strategien der unsicheren Rechner, indem wir die visuelle Vorstellungskraft schulen und bewusst einsetzen.

- Dazu eignen sich selbst gebastelte oder gekaufte Spiele in besonderer Weise, da sie auch die rechte Gehirnhälfte aktiv in den Übungsprozess mit einbeziehen.

- Ganzheitliche Lernmethoden bieten sich auch im fremd- und muttersprachlichen Bereich an. Vielseitig verwendbar sind dabei unter anderem Lernkarteien, Walkman, Lernplakate und Zettelboxen.

- Unterstützend können auch verschiedene Körperübungen aus der pädagogischen Kinesiologie eingesetzt werden.

Anhang

Mindmap: Die wichtigsten Themen dieses Buches im Überblick

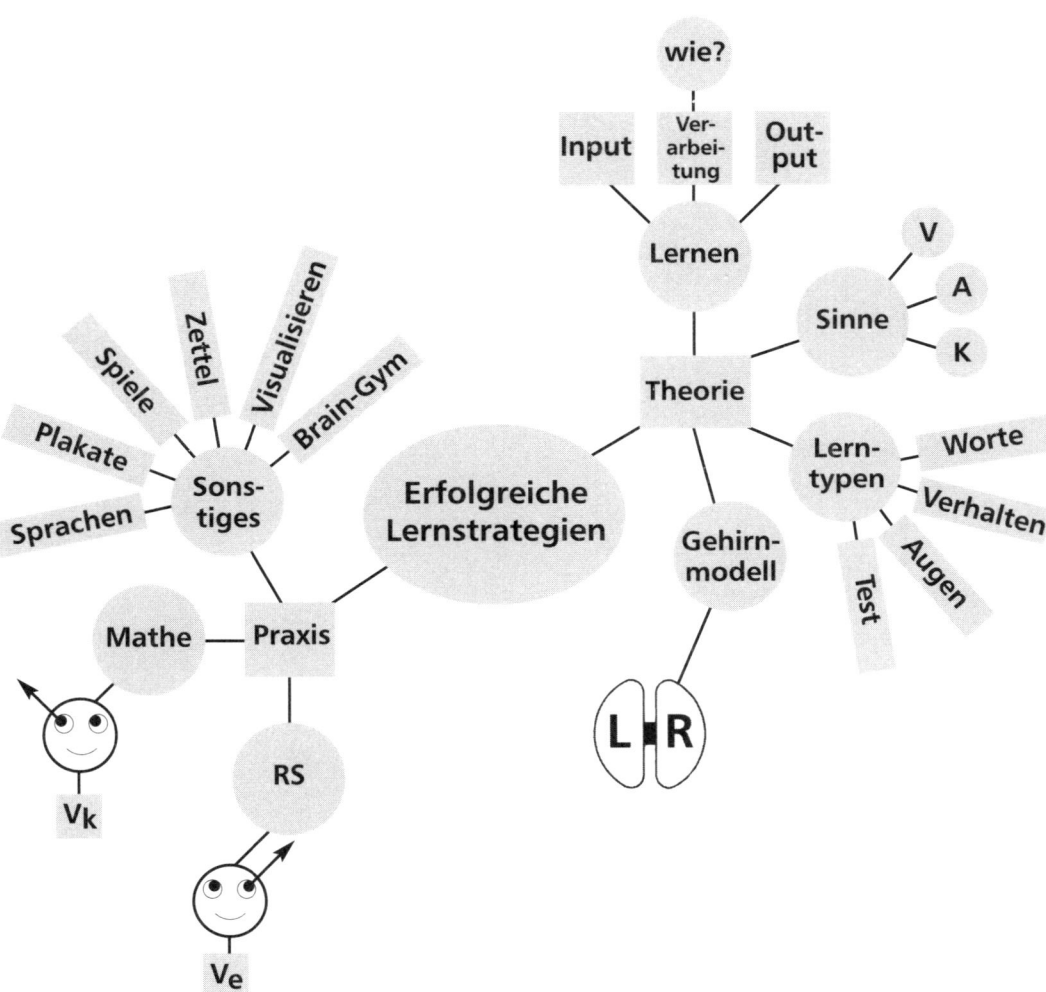

Literaturempfehlungen

1. Allgemeine Grundlagen:

Birkenbihl, Vera F.: *Stroh im Kopf? Gebrauchsanleitung fürs Gehirn,* Landsberg: mvg, 1993

Brennan, Herbie: *Think big,* München: Überreuter 1999

Decker, Franz: *Die neuen Methoden des Lernens und der Veränderung,* München: Lexika Verlag Barbara Rumpf, und Lichtenau: AOL, 1995

Leitner, Sebastian: *So lernt man lernen,* Freiburg: Herder, 1988

Markova, Dawna: *Wie Kinder lernen. Eine Entdeckungsreise für Eltern und Lehrer,* Kirchzarten: VAK, 2. Aufl. 1997

Vester, Frederic: *Denken, Lernen, Vergessen,* Stuttgart: dtv, 1993

2. Praktische Elternhilfen:

Birkenbihl, Vera F.: *Trotz Schule lernen!,* Landsberg: mvg, 1997

Endres, Wolfgang: *Das Anti-Pauk-Buch. Lerntricks für Schüler,* Weinheim: Beltz, 1991

Feichtenberger, Claudia, und Wechdorn, Susanne: *Lernspiele,* Wien: Neuer Breitschopf Verlag, 1995

Feichtenberger, Claudia, und Wechdorn, Susanne: *Lerntechniken. Tips und Tricks für ganzheitliches Lernen,* Wien: Neuer Breitschopf Verlag, 1995

Kohler, Britta: *Hausaufgaben. Helfen – aber wie?,* Weinheim: Beltz, 1992

Maurer, Leopold, und Legenstein, Monika: *Damit ich besser sehen kann. Natürlich besser sehen,* Wien: hpt-Verlagsgesellschaft, 1996

Meister Vitale, Barbara: *Lernen kann phantastisch sein,* Bremen: Gabal, 1993

Ott, Ernst: *Konzentrations-Training für 8–88 Jahre,* München: Lentz, 1990

Schwarz, Margret: *Rechenschwäche? Wie Eltern helfen können,* Ravensburg: Urania-Ravensburger, 1999

Tumpold, Ernst: *Tips für helle Köpfchen,* Wien: Neuer Breitschopf Verlag, 1995

Tumpold, Ernst: *Lerngymnastik. Übungen mit Musik* (MC), Wien: Neuer Breitschopf Verlag, 1994

Vater, Heike und Wolfgang: *Konzentrationsspiele für Kinder der 2. und 3. Grundschulklasse,* Bonn-Bad Godesberg: Reha-Verlag, 1997

Wespel, Manfred: *Wie wird mein Kind zum Leser? Praktische Tipps und alles Wissenswerte zum Lesenlernen,* München: ars edition, 1998

3. Kinesiologie, Montessori, Suggestopädie:

Dennison, Paul: *Befreite Bahnen*, Kirchzarten: VAK, 12. Aufl. 1999

Dennison, Paul und Gail: *EK für Kinder*, Kirchzarten: VAK, 15. Aufl. 1999

Fisgus, Christel, und Kraft, Gertrud: *Hilf mir es selbst zu tun. Montessoripädagogik in der Regelschule*, Donauwörth: Auer, 1997

Koneberg, Ludwig, und Förder, Gabriele: *Kinesiologie für Kinder*, München: Gräfe und Unzer, 1996

SKILL-Autorenteam: *Kreativ lehren und lernen*, Bremen: Gabal, 1995

4. NLP und Lernen:

Blickhan, Daniela und Claus: *Denken, Fühlen, Leben*, Landsberg: mvg, 1995

Beaver, Diana: *Locker lernen. NLPädagogik für Lehrerinnen und Lehrer*, Paderborn: Junfermann, 1996

Cleveland, Bernard F.: *Das Lernen lehren. Erfolgreiche NLP-Unterrichtstechniken*, Kirchzarten: VAK, 2. Aufl. 1995

Grinder, Michael: *NLP für Lehrer. Ein praxisorientiertes Arbeitsbuch*, Kirchzarten: VAK, 5. Aufl. 1997

Lloyd, Linda: *Des Lehrers Wundertüte. NLP macht Schule*, Kirchzarten: VAK, 4. Aufl. 1996

Schick, Klaus H.: *NLP & Rechtschreibtherapie*, Paderborn: Junfermann, 1997

Über die Autorin

Karin Pagel war nach ihrem Studium Mathematiklehrerin an einer Berliner Realschule. Danach unterrichtete sie lange Zeit bei außerschulischen Bildungsträgern (Hauptschulabschluss für jugendliche Schulabbrecher, Stützunterricht für Berufsschüler). Sie absolvierte Zusatzausbildungen in NLP und Suggestopädie.

Seit einigen Jahren leitet sie in Bad Aibling bei Rosenheim, wo sie mit ihrer Familie lebt, ihr eigenes Institut für ganzheitliche Lernbetreuung; dessen Angebot reicht von lernpädagogischer Beratung über fachliche Nachhilfe bis zu Schulungskursen für Eltern und Lehrer. Für Herbst 2001 plant sie ein weiteres Buch unter dem Titel: *Jede(r) kann lernen – Lernblockaden überwinden.*

Christina Buchner:
Der Räuber Thalamus und andere Geschichten
Brainstories zur Lernbiologie für Eltern und Pädagogen

Wie funktioniert unser Gehirn? Was geschieht beim Lernen? Für Lehrer und Eltern, Erzieherinnen und Therapeutinnen, die Kindern das Lernen erleichtern wollen, ist die Kenntnis dieser biologischen Grundlagen des Lernens von großem Nutzen. Christina Buchner veranschaulicht die zunächst abstrakt erscheinenden Abläufe auf bildhafte und phantasievolle Weise. Im Mittelpunkt des Buches stehen zwanzig Geschichten vom Gehirn.

136 Seiten, 100 Zeichnungen, Spiralheftung (18 x 24,5 cm)
ISBN 3-932098-32-3

Brigitte Haberda:
Rechnen – keine Hexerei
Wie Kinder spielend rechnen lernen und was Eltern darüber wissen sollten

Das Buch vermittelt im ersten Teil Hintergrundwissen über das Rechnenlernen und die daran beteiligten Gehirnfunktionen: wie Lernen mit Bewegung zusammenhängt, wie Bewegungsmangel zu Lernschwierigkeiten führt und wie Eltern die Schwachstellen ihrer Kinder herausfinden können. Der zweite Teil gibt konkrete Anleitungen zur Lernförderung: Ein Kakadu und viele abwechslungsreiche Arbeitsblätter laden die Kinder zu Bewegungs- und Rechenübungen ein.

166 Seiten, 90 Abbildungen, Paperback (18 x 24,5 cm)
ISBN 3-932098-40-4

Carla Hannaford:
Bewegung – das Tor zum Lernen

Die Entdeckung, dass Bewegung nicht nur das Lernen, sondern auch Kreativität, Gesundheit und Stressmanagement entscheidend verbessert, hat Auswirkungen: für Berufstätige, die mit Stress fertig werden und dabei produktiv sein wollen; für alte Menschen, die ihr klares Denken, ihr Gedächtnis und ihre Vitalität behalten möchten; für Pädagogen, Lehrer und Eltern, die auf eine gesunde Entwicklung ihrer Kinder bedacht sind; und schließlich für die Kinder, denen leichtfertig „Lernstörungen" oder „Verhaltensstörungen" attestiert werden, als seien dies Krankheiten. Dieses Buch zeigt einen Weg, Fähigkeiten zum Lernen und zu schöpferischer Tätigkeit gezielt auszubilden.

278 Seiten, 43 Abb., Paperback (15 x 21,5 cm),
ISBN 3-924077-93-2

Lene Mayer-Skumanz, Irmgard Heringer, Anna Heringer:
Löwen gähnen niemals leise
Wie Lernen leicht gelingt. Geschichten, Tipps und Übungen für Kinder

Dieses farbig illustrierte Kinderbuch greift mit Geschichten aus dem Alltag in verständnisvoller Weise Schulprobleme von Kindern auf. Mit viel Humor und Einfühlungsvermögen werden Kinder und Eltern ermuntert, mit Hilfe von einfachen Bewegungsübungen diese Probleme zu meistern.

Löwen gähnen niemals leise wurde von der Deutschen Akademie für Kinder- und Jugendliteratur e.V. zum Kinderbuch des Monats Juni 1998 gewählt.

64 Seiten, mit vielen farbigen Illustrationen, Pappband (17,5 x 24,5 cm)
ISBN 3-932098-21-8

Petra Rietz:
Nimm's selbst in die Hand!
Wenn Eltern, Schule und Freunde Probleme machen

„Du bist zwischen 13 und 16 und hast jede Menge Stress? Dann könnte dieses Buch dir was bringen. Druck in der Schule, die Eltern nerven, Liebeskummer … – hier erfährst du, wie du dein Gehirn besser nutzen und wie du trainieren kannst mit Stress umzugehen oder negative Einstellungen zu verändern. Die Übungen für Entspannung, Konzentration, Gedächtnis, Kreativität und Körperfitness sind mit Fotos illustriert und du kannst sie leicht in deinen Alltag einbauen."
Heißer Tipp für Erwachsene: Selbst lesen und dann an Jugendliche weitergeben!

78 Seiten, zahlreiche Abbildungen, Paperback (14,5 x 21,5 cm)
ISBN 3-932098-84-6

*Das **IAK Institut für Angewandte Kinesiologie GmbH**, Freiburg, veranstaltet laufend Kurse in Touch For Health (Gesund durch Berühren), in Edu-Kinestetik, in Entwicklungskinesiologie und in vielen anderen Bereichen der Angewandten Kinesiologie. Dank enger persönlicher Kontakte zu den Pionieren der AK ist das Institut in der Lage, ständig die neuesten Entwicklungen auf diesem Gebiet zu präsentieren.*
Außerdem fördert das Institut die Verbreitung der Angewandten Kinesiologie im deutschsprachigen Raum durch Weitergabe von Kontaktadressen und Literaturhinweisen.
Das Kursprogramm des IAK und weitere Auskünfte erhalten Sie (nach Voreinsendung von Briefmarken im Wert von 1,44 €) bei:

IAK Institut für Angewandte Kinesiologie GmbH, Freiburg
Eschbachstraße 5, 79199 Kirchzarten,
Telefon 076 61/98 71 0, Telefax 076 61/98 71 49